高等学校应用技术型经济管理系列教材（会计系列）

十三五

高等学校应用型经济管理规划教材

总主编／李雪　主审／徐国君

商品流通企业会计学习指导书

Study Guide to Commercial Enterprise Accounting

（第二版）

陈德英◎主编

马俊云　陈莎◎副主编

立信会计出版社

LIXIN ACCOUNTING PUBLISHING HOUSE

图书在版编目(CIP)数据

商品流通企业会计学习指导书 / 陈德英主编. —2版. —上海：立信会计出版社，2019.7(2022.8 重印)
高等学校应用技术型经济管理系列教材. 会计系列
ISBN 978 - 7 - 5429 - 6195 - 2

Ⅰ. ①商… Ⅱ. ①陈… Ⅲ. ①商业会计—高等学校—教学参考资料 Ⅳ. ①F715.51

中国版本图书馆 CIP 数据核字(2019)第 125785 号

策划编辑　方士华
责任编辑　方士华　孙　勇
封面设计　南房间

商品流通企业会计学习指导书(第二版)
SHANGPIN LIUTONG QIYE KUAIJI XUEXI ZHIDAOSHU

出版发行	立信会计出版社		
地　　址	上海市中山西路 2230 号	邮政编码	200235
电　　话	(021)64411389	传　　真	(021)64411325
网　　址	www.lixinaph.com	电子邮箱	lixinaph2019@126.com
网上书店	http://lixin.jd.com		http://lxkjcbs.tmall.com
经　　销	各地新华书店		

印　　刷	苏州市古得堡数码印刷有限公司	
开　　本	787 毫米×1092 毫米	1/16
印　　张	13.25	
字　　数	330 千字	
版　　次	2019 年 7 月第 2 版	
印　　次	2022 年 8 月第 3 次	
书　　号	ISBN 978 - 7 - 5429 - 6195 - 2/F	
定　　价	32.00 元	

总 序

教材是高校实现人才培养目标的重要载体，教材及教材建设对高校发展具有举足轻重的作用。与培养模式相对应的教材是培养合格人才的基本保证，是实现培养目标的重要工具。由于历史的原因，在财经类教材的出版方面，相关出版社出版研究型本科或者高职高专、中等职业等层次的教材较多，也较成熟，而在应用技术型本科教材出版上比较欠缺，虽然近年来也出版了一些这方面的教材，但总体而言，还是缺乏权威性、普适性、实用性、创新性的财经类应用技术型本科教材。造成这种状况的原因主要在于：出版社对财经类应用技术型本科教材的出版还不够重视，没有进行有效的组织；财经类应用技术型本科院校多为新建院校，教材建设相对滞后，主观上也较愿意使用研究型本科教材；在教材使用中存在比较严重的混用现象，教材的目标读者群不明确，不少教材既适用于研究型本科又适用于应用技术型本科，或者既适用于本科又适用于高职高专。

由于目前应用技术型教材种类和数量匮乏或质量欠佳，使得应用技术型本科不得不沿用传统研究型教材，比如东北财经大学会计系列教材(包括《基础会计》《中级财务会计》《管理会计》《高级财务会计》《审计》等)，中国人民大学会计系列教材(如《成本会计》)，教育部统编教材(如《财务管理》)等国家级规划教材。这些教材本身的质量很好、级别很高，但是并不适用于应用技术型本科的教学，教师和学生普遍反映不好用。即使从全国范围看，也还没有相对成套、成熟的适合应用技术型高校使用的教材，不适应教育教学要求。存在的主要问题包括：①教材的定位和要求较高；②教材的内容多、难度大；③教材着重于理论解释，相关案例、实训等内容较少，缺乏普适性、实用性。所以，需要编写适应学生水平、便于学生接受的应用技术型教材。

我们组织具有多年应用技术型人才培养经验的优秀教师和实务界专家编写了这套教材。本套系列教材由《基础会计》《中级财务会计》《成本会计》《管理会计》《财务管理》《审计学原理》《审计实务》《审计基础与实务》《税法》《经济法》《西方经济学》《金融学》等构成。为了保证教材的质量，本套系列教材聘请了著名高校的专家、教授对本套教材编写进行专门指导和审核。每本教材至少有一名本学科的知名专家或学科带头人提出审核指导意见，至少有一名高等院校教学一线的高级职称教师参与组织编写，至少有一名行业协会、实务界专家和教学研究机构人员提出编写建议。

本套系列教材的特色如下。

1. 应用性

应用技术型本科的教材建设应坚持培养应用技术型本科人才的定位，充分吸收和借鉴传统的普通本科教材与高职高专类教材建设的优点和经验，以就业为导向，做到理论上优于高职高专类教材、动手能力的培养上优于传统的本科院校教材。

本套系列教材体现了应用技术型本科的定位，体现了素质教育和“以学生发展为本”的教育理念，遵循了高等教育教学基本规律，重视知识、能力和素质的协调发展，根据应用技术型人才培养模式对学生的创新精神、实践能力和适应能力的要求，在内容选材、教学方法、学习方法、实验和实训配套等方面突出了应用性特征。

2. 针对性

本套系列教材的编写符合会计学、财务管理和审计学专业的培养目标、培养需求、业务规格(知识结构和能力结构)和教学大纲的基本要求，与各专业的课程结构和课程设置相对应，与课程平台和课程模块相对应。本套系列教材在结构的布局、内容重点的选取、示例习题的设计等方面符合教改目标和教学大纲的要求，把教师的备课、试讲、授课、辅导答疑等教学环节有机地结合起来。

3. 先进性

本套系列教材反映了应用技术型会计人才教育教学改革的内容，能够反映学科领域的新发展。本套系列教材的整体规划、每一种教材构造等均体现了实用性和创新性。本套系列教材还强调了系列配套，包括了教材、学习指导书、教学课件等。

4. 基础性

本套系列教材打破传统教材自身知识框架的封闭性，尝试多方面知识的融会贯通，注重知识层次的递进，体现每一门科目的基本内容，同时，在具体内容上突出实际运用知识的能力，使本套系列教材做到"教师易教，学生乐学，技能实用"。

5. 易于自学性

自学能力的培养是高等教育应该教授给学生的一项基本能力。只有具备了自主学习的能力，才能最终建立起终身学习的保障体系，这也是应用技术型本科人才培养的客观要求。应用技术型高校的生源素质与其他高校相比存在较大差距，除一部分高考发挥失误的学生外，有相当一部分学生在学习习惯、基础知识等方面存在一定的欠缺，这要求本套系列教材要能调动这部分学生的学习积极性，在理论方面尽量通俗易懂，实践方面尽量采用案例式教学。为了有利于学生课后自主学习，本套系列教材配套了学习指导书和教学课件。

因此，本套系列教材的定位和特色把握准确，教材的特色明显，适用于应用技术型高等学校教学，容易得到学生和市场的认可，便于学生的自学和教师的教学。

高等学校应用技术型经济管理系列教材(会计系列)凝聚了众多领导、教授和专家多年来的经验和心血。当然，由于我们的经验和人力有限，教材中难免存在不足，我们期待着各位同行、专家和读者的批评指正。我们将随着经济发展和会计环境的变迁不断修订教材，以便及时反映学科的最新发展和人才培养的最新变化。

本套系列教材出版后，得到读者和市场的认可，深受广大读者欢迎。为了更好地回馈读者，本套系列教材从 2017 年起启动第二版的修订工作，各种教材的第二版已陆续出版。我们会一如既往地做好教材修订和相关服务工作，希望广大读者对本套系列教材给予支持。

李　雪

2019 年 7 月

前 言

本书是高等学校应用技术型经济管理系列教材(会计系列)之《商品流通企业会计》教材的配套学习指导书,具有应用性、针对性、先进性、基础性、易于自学性的特点。既可作为高等财经院校商品流通企业会计教学的教材,也可作为商品流通企业管理人员学习的参考用书。

本书根据《商品流通企业会计》教材及教学大纲的要求,设计了各章重点与难点的提炼讲解,在讲解的过程中配有相关典型例题。讲解完毕,每章配有练习题并提供了相应的参考答案。

《商品流通企业会计学习指导书》分为三个部分,第一部分为"学习指导及思考与练习",下设"本章基本内容框架""重点、难点讲解及典型例题""思考与练习";第二部分为"思考与练习参考答案";第三部分为"模拟试题及参考答案"。

本书具有以下特点:

(1) 本书以国际会计惯例为依据,所依据的会计规范是最新的国际会计准则和我国最新的企业会计准则。

(2) 理论精练,习题的设计突出理论联系实际,体现实际操作能力,即重视知识、能力和素质的协调发展。

(3) 注重实战,案例相伴,将实际经济生活中出现的真实案例经过少许加工后编入本书,使学生通过练习能更多地接触会计实务,提高分析和解决问题的能力。

(4) 注重对重点难点的讲解,借助T形账户、图、表等工具进行讲解,图文并茂,通俗易懂。

(5) 习题形式多样,既有客观题,也有大量的案例题和业务题,涵盖面广,可以考查学生综合分析和解决问题的能力。

(6) 重视对知识点的总结,并运用知识点对比的方式,便于掌握记忆。

本书的具体分工如下:

本书由陈德英任主编,马俊云、陈莎任副主编,李小林、任文艳为编者。具体分工如下:第一章总论(陈德英),第二章货币资金(陈德英),第三章商品流通核算概述(陈德英),第四章批发企业会计核算(陈德英),第五章零售企业会计核算(任文艳、李小林),第六章包装物、低值易耗品和原材料(马俊云),第七章固定资产、无形资产及其他资产(陈莎),第八章对外投资(李小林),第九章负债(李小林),第十章所有者权益(李小林),第十一章费用与税金(马俊云),第十二章进出口贸易业务核算(陈德英),第十三章财务会计报告(陈德英)。

在本书的编写过程中,我们参考了大量相关教材和论著,在此向有关作者致以深深的谢意!

另外,会计法规、税收法规在不断修订和完善中,如本书编写的法规内容与新发布的法规不一致，应以新法规为准。

本书的编写先后经过多次讨论研究，力求内容编排合理、避免错误，但难免存在考虑不周、表达不妥当的地方，书中疏漏不足之处，敬请读者批评指正。

编　者

2019 年 7 月

目 录

第一部分 学习指导及思考与练习

第二部分　思考与练习参考答案

第三部分 模拟试题及参考答案

第一部分　学习指导及思考与练习

第一章　总　　论

本章基本内容框架

- 商品流通企业会计的含义及特征
- 商品流通企业会计的核算基础和内容
  - 核算基础
    - 会计基本前提
    - 会计信息质量要求
    - 权责发生制与收付实现制
  - 内容
    - 会计对象
    - 会计要素
    - 会计科目
- 商品流通企业会计工作规范
- 商品流通企业会计工作组织

重点、难点讲解及典型例题

一、商品流通企业会计的含义

商品流通企业会计是企业会计的重要分支，是应用于商品流通领域企业的一种专业会计。商品流通企业会计以货币为主要计量单位，以会计凭证为依据，运用专门的技术方法，对商品流通企业的经济活动进行连续、系统、全面、综合的核算和监督，综合反映企业的经营情况和经营成果，为企业内外部利益关系人提供财务信息，为企业经营决策提供依据，促使企业加强经营管理，提高经济效益。

二、商品流通企业会计的特征

(1) 商品流通企业会计以商品流通中的资金运动为中心进行核算和管理。

(2) 商品流通企业会计以市场为导向。

(3) 商品流通企业会计在促进企业扩大再生产过程中起着生产与消费之间的桥梁和纽带作用。

三、商品流通企业会计的任务

(1) 根据新的会计核算要求，及时正确地反映经济情况，提供会计信息。

(2) 严格执行国家的方针政策和财务制度,坚持财会监督,保护国家利益、社会公众利益和所有者的权益。

(3) 加强计划和预算,合理和节约使用资金,改善经营管理。

(4) 检查分析企业经营业绩,参与企业的预测和决策,增强企业活力,提高企业经济效益。

四、商品流通企业会计的核算基础

1. 会计基本假设(见图 1-1)

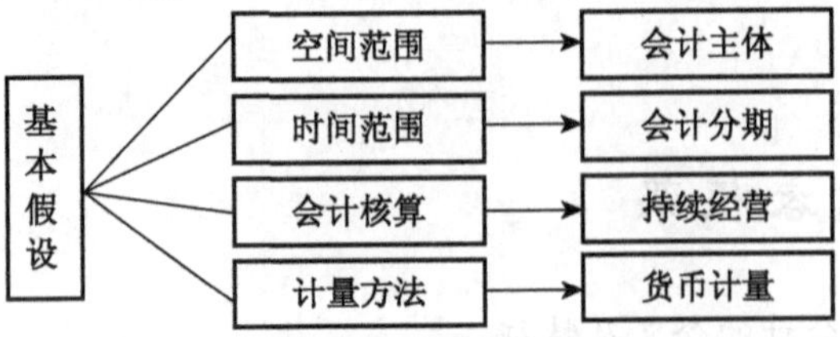

图 1-1　会计基本假设

【例题 1 · 单项选择题】 下列各项中,反映商品流通企业会计核算空间范围的是(　　)。

A. 会计主体　　B. 持续经营

C. 会计分期　　D. 货币计量

【答案】 A

【解析】 反映商品流通企业会计核算空间范围的是会计主体。

2. 会计信息质量要求(见表 1-1)

表 1-1　会计信息质量要求

质量要求	内容	举　例
首要信息质量要求	可靠性、相关性、可理解性和可比性	可比性要求,所有上市公司从 2007 年 1 月 1 日起执行新企业会计准则(横向对比) 企业的会计政策、会计估计等,一经确定不得随意变更(纵向对比)
次级信息质量要求	实质重于形式、重要性、谨慎性和及时性	融资租入固定资产体现了实质重于形式的质量要求

3. 权责发生制与收付实现制

权责发生制亦称应收应付制,也叫应计制,是指企业以收入的权利和支出的义务是否归属于本期作为确认收入、费用的标准。凡是属于本期实现的收入和发生的费用,不论款项是否实际收到或实际付出,都应作为本期的收入和费用入账;凡是不属于本期的收入和费用,即使款项在本期收到或付出,也不作为本期的收入和费用处理。

收付实现制亦称现收现付制,也叫现金制,它以款项是否实际收到或付出作为确定本期收入和费用的标准。凡是本期实际收到款项的收入和付出款项的费用,不论其是否归属于本期,都作为本期的收入和费用处理;反之,凡本期没有实际收到的款项和付出的款项,即使应归属于本期,也不作为本期收入和费用处理。

五、商品流通企业会计的内容

1. 商品流通企业会计的对象

会计对象,即会计核算和监督的内容。凡是能够以货币表现的经济活动都是会计所核算和监督的内容,即价值运动或资金运动。

2. 商品流通企业的会计要素

会计要素是对会计对象的基本分类,是会计对象的具体化,是反映会计主体的财务状况和经营成果的基本单位。会计要素分类如图 1-2 所示。

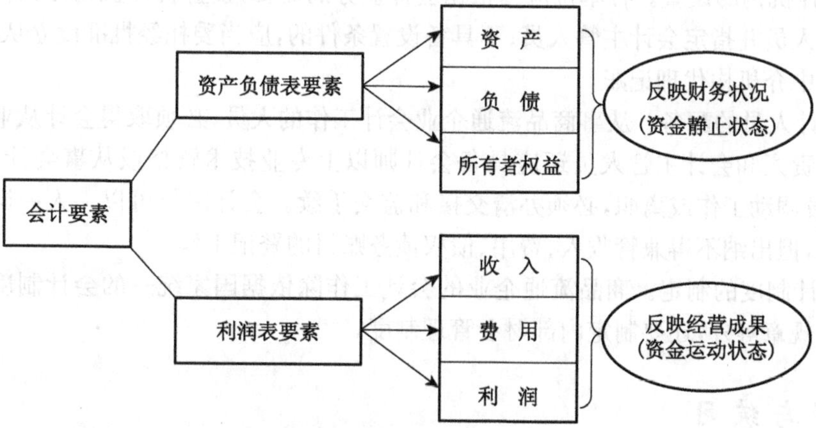

图 1-2 会计要素分类

【例题 2 · 多项选择题】 反映商品流通企业财务状况的会计要素有(　　)。

A. 资产　　B. 负债　　C. 收入　　D. 利润

【答案】 AB

【解析】 反映商品流通企业财务状况的会计要素有资产、负债和所有者权益。

3. 会计科目

会计科目是对会计要素的具体内容进行分类核算的项目。

会计对象的构成层次如图 1-3 所示。

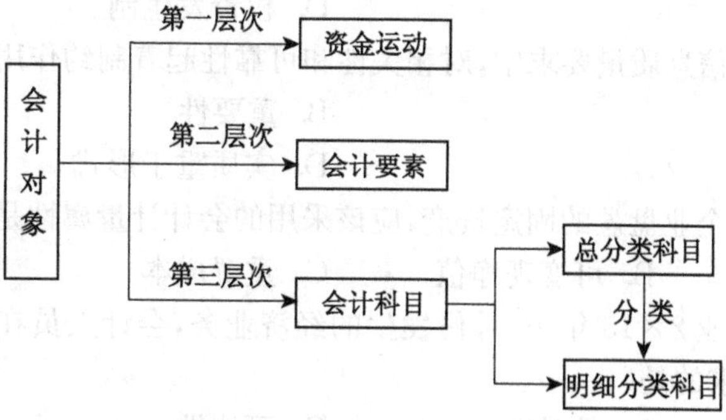

图 1-3 会计对象的构成层次

六、商品流通企业会计的工作规范和组织

1. 商品流通企业会计工作规范

会计工作规范是处理会计事务的法律、原则、程序和方法的总称，是进行会计工作的规则和准则。企业应使会计工作有组织、有秩序地进行，发挥其在核算、监督和加强经营管理，提高经济效益中的作用，必须建立科学的会计规范。

我国会计工作规范包括会计法律、会计行政法规、会计部门规章、地方性会计法规。

2. 商品流通企业工作组织

(1) 会计机构的设置。各单位应当根据会计业务的需要，设置会计机构，或者在有关机构中设置会计人员并指定会计主管人员；不具备设置条件的，应当委托经批准设立从事会计代理记账业务的中介机构代理记账。

(2) 会计人员的配备。从事商品流通企业会计工作的人员，必须取得会计从业资格证书。会计机构负责人和会计主管人员还应具备会计师以上专业技术资格或从事会计工作 3 年以上；会计人员调动工作或离职，必须办清交接和监交手续。会计岗位可以一人一岗、一人多岗或一岗多人，但出纳不得兼管收入、费用、债权债务账目的登记工作。

(3) 会计制度的制定。商品流通企业的会计工作除依据国家统一的会计制度、会计行政法规和会计规章等外，还要制定内部财会管理制度。

思考与练习

一、单项选择题

1. 下列各项中，属于反映商品流通企业财务状况的会计要素的是(　　)。

A. 负债　　B. 利润　　C. 收入　　D. 费用

2. 下列项目中，符合资产定义的是(　　)。

A. 融资租入的设备　　B. 经营租入的设备

C. 霉烂变质的商品　　D. 计划购入的原材料

3. 我国会计准则规定，企业的会计核算应当以(　　)为基础。

A. 实地盘存制　　B. 永续盘存制

C. 收付实现制　　D. 权责发生制

4. 下列各项会计信息质量要求中，对相关性和可靠性起着制约作用的是(　　)。

A. 及时性　　B. 重要性

C. 谨慎性　　D. 实质重于形式

5. 对于商品流通企业盘盈的固定资产，应该采用的会计计量属性是(　　)。

A. 历史成本　　B. 可变现净值　　C. 重置成本　　D. 现值

6. 某商品流通企业 2×15 年 10 月份发生的经济业务，会计人员在 12 月份才入账，这违背了会计信息质量要求的是(　　)。

A. 相关性　　B. 及时性　　C. 可比性　　D. 可靠性

7. 下列各项中，不属于商品流通企业收入要素范畴的是(　　)。

A. 出售单独计价的包装物

B. 提供劳务取得的收入
C. 出租土地使用权取得的收入
D. 转让无形资产所有权取得的收入
8. 下列项目中，属于损失的是(　　)。
A. 出售固定资产的净损失
B. 交易性金融资产公允价值变动损失
C. 计提的资产减值损失
D. 处置长期股权投资的净损失
9. 2×15 年 3 月 2 日，甲公司赊销商品一批，并于当日发出商品，同时满足收入确认的条件，甲公司在 3 月 2 日确认了收入并结转成本。甲公司遵循的会计核算基础是(　　)。
A. 可靠性　　B. 收付实现制
C. 权责发生制　　D. 实质重于形式
10. 商品流通企业将融资租入固定资产视同自有固定资产进行核算，体现的会计信息质量要求是(　　)。
A. 可靠性　　B. 实质重于形式
C. 及时性　　D. 可比性

二、多项选择题

1. 商品流通企业的行业涵盖范围包括(　　)。
A. 商业和粮食企业　　B. 物资供销和供销合作社
C. 对外贸易和图书发行企业　　D. 医药商业企业
2. 会计的核算职能是指运用货币形式，通过对商品流通企业的经济业务进行确认、计量和(　　)，将经济活动的内容转换成会计信息的功能。
A. 分析　　B. 记录　　C. 汇总　　D. 报告
3. 按照其反映的经济内容，商品流通企业的会计科目可以划分为(　　)科目。
A. 资产类　　B. 负债类
C. 所有者权益类　　D. 成本类
E. 损益类
4. 商品流通企业会计的期间费用包括(　　)。
A. 进货费用　　B. 销售费用　　C. 管理费用　　D. 财务费用
5. 组织好商品流通企业会计工作，主要包括(　　)。
A. 设置会计机构　　B. 实施会计工作规范
C. 配备会计人员　　D. 遵守会计人员职业道德
6. 下列各项中，属于反映商品流通企业经营成果的会计要素有(　　)。
A. 收入　　B. 资产　　C. 费用　　D. 利润
E. 所有者权益
7. 会计基本假设有(　　)。
A. 会计主体　　B. 持续经营　　C. 会计分期　　D. 货币计量
E. 权责发生制

8. 下列各项中，属于商品流通企业所有者权益项目的有（　　）。
A. 所有者投入的资本
B. 直接计入所有者权益的利得和损失
C. 留存收益
D. 应付职工薪酬
E. 待处理财产损溢
9. 资产的特征有（　　）。
A. 由过去的交易或事项形成
B. 企业日常活动形成的经济利益的总流入
C. 为企业拥有或者控制
D. 能够给企业带来未来的经济利益
E. 收回应收账款
10. 下列各项中，属于流动资产的有（　　）。
A. 存货　　B. 固定资产
C. 库存现金　　D. 长期待摊费用
E. 无形资产

三、判断题

1. 商品流通企业会计是以货币为唯一的计量单位，运用一系列科学方法对企业财务活动，即资金运动进行核算与监督的一种管理活动。（　　）
2.《中华人民共和国会计法》第三条规定："会计机构、会计人员必须遵守法律、法规，按照本法规定办理会计事务，进行会计核算，实行会计监督。"（　　）
3. 我国会计法律规范体系的构成和层次是：①会计基本法；②会计行政法规；③会计规章。（　　）
4. 会计核算的基本前提是组织会计工作必须具备的前提条件，离开这些条件，就不能有效地开展会计工作。（　　）
5. 资产是指企业所承担的、能以货币计量、需以资产或劳务偿还的债务。（　　）
6. 负债是指企业拥有或者控制的、能以货币计量的经济资源，包括各种财产、债权和其他权利。（　　）
7. 我国《企业会计准则》列示了资产、负债、所有者权益、收入、费用和利润等六大会计要素。（　　）
8. 会计等式也叫会计基本方程式或会计平衡公式，他揭示了各会计要素之间的联系，其公式为：资产＝负债－所有者权益。（　　）
9. 真实性原则是指会计核算必须以实际发生的经济业务及证明经济业务发生的合法凭证为依据，如实反映财务状况和经营成果，做到内容真实、数据准确、资料可靠。（　　）
10. 一贯性原则是指会计核算工作要讲求实效，要求会计业务的处理必须及时进行，以便会计信息的及时利用。（　　）

第二章 货币资金

本章基本内容框架

货币资金：
- 库存现金（管理/核算）
- 银行存款（管理/核算）
- 结算方式（8种方式）

重点、难点讲解及典型例题

一、现金的使用范围

（1）职工工资、津贴。

（2）个人劳动报酬。

（3）根据国家规定颁发给个人的科学技术、文化艺术、体育等各种奖金。

（4）各种劳保、福利费用以及国家规定的对个人的其他支出。

（5）向个人收购农副产品和其他物资的价款。

（6）出差人员必须随身携带的差旅费。

（7）结算起点以下的零星支出（结算起点为1 000元）。

（8）中国人民银行确定需要支付现金的其他支出。

【例题1·单项选择题】 结算起点以下的零星支出，才能使用现金，结算起点指（　　）元。

A. 2 000　　B. 1 000　　C. 5 000　　D. 3 000

【答案】 B

【解析】 结算起点1 000元以下的零星支出，才能使用现金。

【例题2·多项选择题】 以下业务中，可以使用现金的有（　　）。

A. 支付工资　　B. 差旅费

C. 向个人收购农副产品　　D. 偿还短期借款

【答案】 ABC

【解析】 偿还短期借款不属于现金的使用范围。

二、现金的限额（见图2-1）

【例题3·单项选择题】 商品流通企业在确定库存现金限额时，考虑的天数最多不能超过（　　）天。

A. 3　　B. 5　　C. 10　　D. 15

【答案】 D

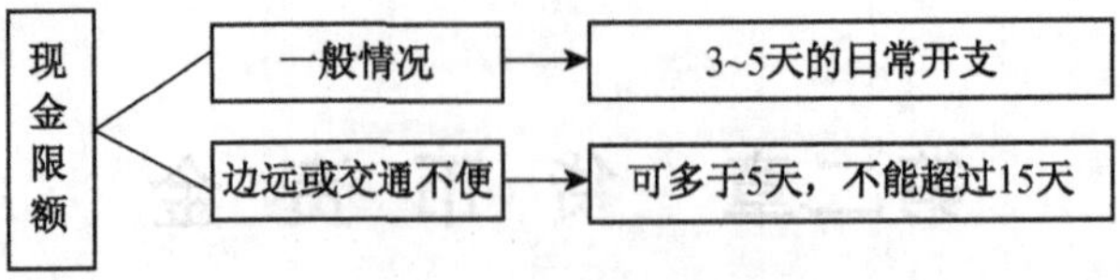

图 2-1 现金限额规范

【解析】 本题未特指在什么情况下，因此应将所有因素都考虑到，所以考虑的天数最多不能超过 15 天。

三、备用金的核算

【例题 4 · 单项选择题】 甲商品流通企业对采购部门采用定额备用金制，8 月 5 日报销时的会计分录为(　　)。

A. 借：备用金
　　贷：库存现金

B. 借：管理费用
　　贷：库存现金

C. 借：库存现金
　　贷：备用金

D. 借：管理费用
　　贷：备用金

【答案】 B

【解析】 在定额备用金管理制度下，报销时，应补足定额，并根据相关发票等原始凭证计入相关成本费用。

四、现金的清查

1. 现金盘亏的账务处理

现金盘亏的账务处理如图 2-2 所示。

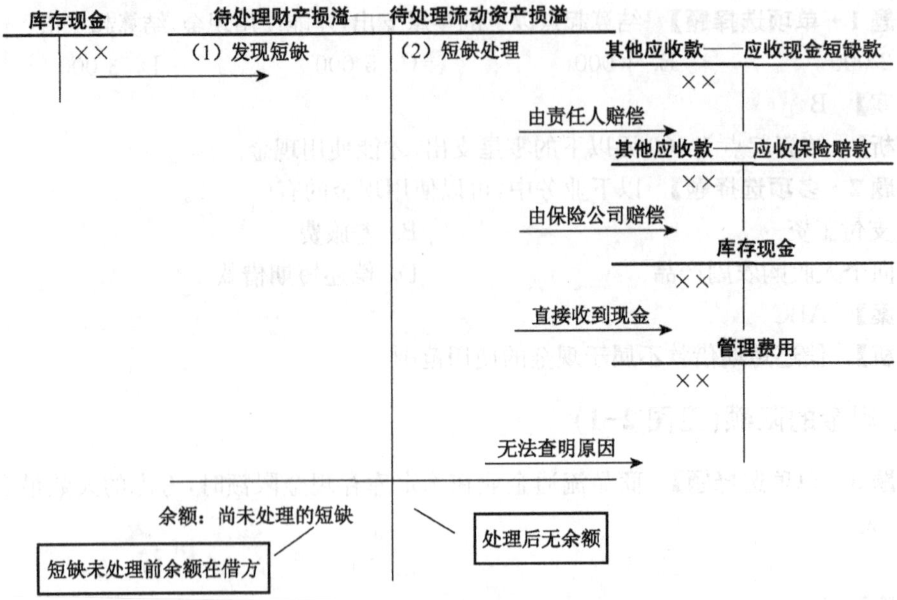

图 2-2 库存现金盘亏的账务处理示意图

2. 现金盘盈的账务处理

现金盘盈的账务处理如图 2-3 所示。

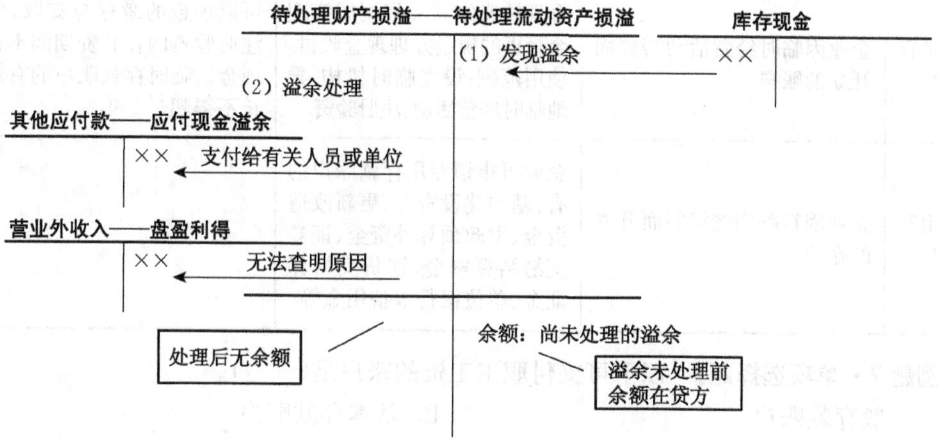

图 2-3 库存现金盘盈的账务处理示意图

【例题 5·单项选择题】 无法查明原因的库存现金盘盈，应( )科目。

A. 记入“其他业务收入”　　B. 记入“营业外收入”

C. 记入“主营业务收入”　　D. 冲减“管理费用”

【答案】 B

【解析】 无法查明原因的库存现金盘盈，作为盘盈利得处理，经批准记入“营业外收入”科目。

【例题 6·单项选择题】 无法查明原因的库存现金盘亏，应记入( )科目。

A. “管理费用”　　B. “营业外支出”

C. “其他业务成本”　　D. “销售费用”

【答案】 A

【解析】 无法查明原因的库存现金盘亏，经批准记入“管理费用”科目。

五、开立和使用银行存款账户的规定

四种账户开立与使用对比情况如表 2-1 所示。

表 2-1 四种账户开立与使用对比表

账户种类	定义	作用及使用范围	相关规定
1. 基本存款账户	企业办理日常结算和现金收付业务的账户	企业职工薪酬等现金的支取只能通过本账户	一个企业只能在一家银行开立一个基本存款账户，即一个企业只有一个基本存款账户
2. 一般存款账户	存款人因借款或其他结算需要在基本存款账户开户银行以外的银行营业机构开立的银行结算账户	办理转账结算和现金缴存，但不能支取现金	不得在同一家银行的几个分支机构开立一般存款账户，如：在华夏银行山东路支行开了一般账户，就不能在华夏银行南京路支行再开一个一般账户

（续表）

账户种类	定义	作用及使用范围	相关规定
3. 临时存款账户	企业因临时经营活动需要而开立的账户	办理转账结算和根据国家现金管理的规定办理现金收付。使用范围：设立临时机构、异地临时经营活动、注册验资	可以现金的缴存与支取，但用于注册验资的在验资期间不得支取现金。临时存款账户的有效期最长不得超过2年
4. 专用存款账户	企业因特殊用途需要而开立的账户	企业可申请专用存款账户的有：基本建设资金、更新改造资金、财政预算外资金、证券交易结算资金、期货交易保证金、单位银行卡备用金等	

【例题7·单项选择题】 以下可支付职工工资的账户是（ ）。

A. 一般存款账户　　B. 基本存款账户

C. 专用存款账户　　D. 临时存款账户

【答案】 B

【解析】 企业职工薪酬等现金的支取只能通过基本存款账户办理。

【例题8·多项选择题】 关于商品流通企业的一般存款账户的说法中正确的有（ ）。

A. 只能开立一个一般存款账户

B. 在一家银行只能开立一个一般存款账户

C. 一般存款账户可支取现金

D. 一般存款账户可缴存现金，但不能支取现金

【答案】 BD

【解析】 在一家银行只能开立一个一般存款账户，实务中可根据企业业务的需要在不同银行各开设一个一般存款账户；一般存款账户可办理转账和现金缴存，但不能支取现金。

六、银行存款余额调节表

1. 银行对账（见图2-4）

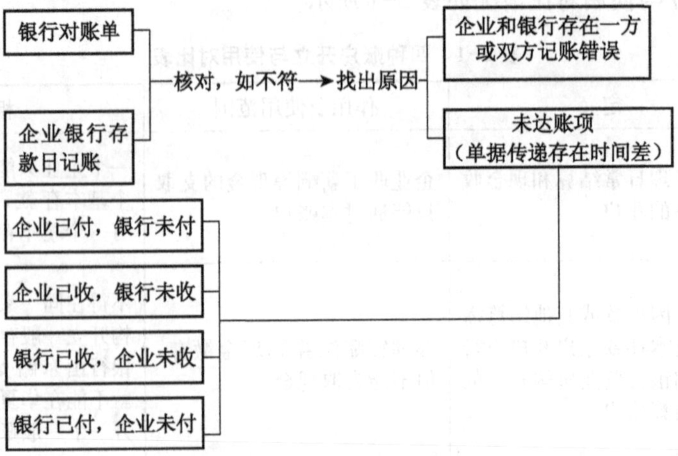

图2-4 企业与银行对账过程

2. 银行存款余额调节表格式(见表 2-2)

表 2-2 银行存款余额调节表

2×12 年 12 月 31 日

公司名称:××公司　　开户行:　　账号:　　单位:元

项　目	金额	项　目	金额
银行对账单余额		企业银行存款日记账余额	
加:企业已收,银行未收		加:银行已收,企业未收	
1.		1.	
2.		2.	
3.		3.	
减:企业已付,银行未付		减:银行已付,企业未付	
1.		1.	
2.		2.	
3.		3.	
调整后余额		调整后余额	

3. 银行存款余额调节注意事项

(1) 银行存款余额调节表不能作为原始凭证记账。

(2) 银行对账单不能作为原始凭证记账。

(3)《企业内部控制应用指引》规定,出纳人员不能同时负责编制银行存款余额调节表。

4. 银行存款余额调节表编制完毕后,需要做的工作如下:

(1) 银行存款余额调节表编制完毕后,需进行后续跟踪,对误记、串记的要及时处理,特别是对由银行造成的,要及时与银行沟通进行及时处理,对未达账项的单据要尽快取回,并依据取回的原始凭证进行账务处理。

(2) 在实务中,应尽量减少造成银行对账单与企业银行存款日记账不符的因素,这就要求出纳人员做到如下两点:①在编制记账凭证时,认真仔细,数据书写需输入准确;②日常要及时到银行取回收付款单据,取回后依据单据及时进行账务处理,特别是在月末,一定要到各开户行将未取回的收付款单据取回,并以此进行相应的会计处理。

【例题 9 · 单项选择题】 企业银行存款的实有数是指(　　)。

A. 银行对账单的余额

B. 企业银行存款日记账的余额

C. 银行存款余额调节表调节后的余额

D. 以上都不对

【答案】 C

【解析】 银行存款余额调节表调节后的余额才是企业银行存款的实有数。

七、结算方式与核算

- 结算方式
  - 现金结算
  - 转账结算
    - 支票结算
    - 银行本票
    - 银行汇票
    - 商业汇票
    - 信用卡
    - 汇兑
    - 托收承付
    - 委托收款

【例题10·单项选择题】 以下各项中，需通过“其他货币资金”科目核算的有(　　)。

A. 外埠存款　　B. 银行汇票存款

C. 存出投资款　　D. 商业汇票业务

【答案】 ABC

【解析】 商业汇票按承兑人的不同可分为银行承兑汇票和商业承兑汇票，使用的科目是“应收票据”或“应付票据”。

思考与练习

一、单项选择题

1. 在现金的使用范围中，“结算起点以下的零星开支”中的“结算起点”是指(　　)元。

A. 2 000　　B. 1 000　　C. 1 500　　D. 500

2. 银行根据商品流通企业的实际需要情况核定的库存现金的最高限额是(　　)天。

A. 15　　B. 10　　C. 5　　D. 8

3. 可以办理提取现金发放工资的账户是(　　)。

A. 基本存款账户　　B. 一般存款账户

C. 临时存款账户　　D. 专用基本存款账户

4. 商品流通企业将款项汇往外地开立采购专用账户时，应借记的会计科目是(　　)。

A.“委托收款”　　B.“材料采购”

C.“银行存款”　　D.“其他货币资金”

5. 商品流通企业将款项划至在证券公司开立的资金账户时，如为用支票支付，收款人名称应填写为(　　)，借记的科目应为(　　)。

A. 本公司名称　“银行存款”

B. 本公司名称　“其他货币资金”

C. 证券公司名称　“银行存款”

D. 证券公司名称　“其他货币资金”

6. 对于商品流通企业为取得信用卡按照规定存入银行的款项，应借记的会计科目是(　　)。

A. “其他货币资金” B. “银行存款”
C. “库存现金” D. “其他应收款”

7. 商品流通企业现金清查中，经检查仍无法查明原因的现金短缺，经批准应记入(　　)科目。
A. “财务费用” B. “管理费用”
C. “营业外支出” D. “销售费用”

8. 具有清算及时、使用方便、收付双方都有法律保障和结算灵活特点的票据是(　　)。
A. 支票 B. 银行本票 C. 银行汇票 D. 商业汇票

9. 无法查明原因的现金溢余，经批准后作为盘盈利得处理，记入(　　)科目。
A. “营业外收入” B. “其他业务收入”
C. “管理费用” D. “主营业务收入”

10. 商品流通企业银行存款的实有数，应为(　　)。
A. 银行对账单余额 B. 企业银行存款日记账余额
C. 银行存款余额调节表调整后余额 D. 以上都不对

二、多项选择题

1. 资产负债表“货币资金”项目应根据(　　)科目期末余额的合计数填列。
A. “库存现金” B. “银行存款”
C. “其他货币资金” D. “交易性金融资产”
E. “持有至到期投资”

2. 现金具有的特征是(　　)。
A. 货币性 B. 流动性 C. 通用性 D. 流通性
E. 交易性

3. 在商品流通企业的现金清查中，现金溢缺的核算会涉及的会计科目有(　　)。
A. “其他应收款” B. “其他应付款”
C. “管理费用” D. “营业外收入”
E. “待处理财产损溢”

4. 会导致商品流通企业银行存款日记账余额大于银行存款对账单余额的是(　　)。
A. 企业已经收款入账，银行尚未收款入账的款项
B. 企业已经付款入账，银行尚未付款入账的款项
C. 银行已经收款入账，企业尚未收款入账的款项
D. 银行已经付款入账，企业尚未付款入账的款项
E. 银行少记收款金额

5. 为严格现金管理，根据“钱账分管”的原则，出纳员不得兼办(　　)。
A. 现金日记账的登记工作 B. 债务、债权账簿的登记工作
C. 稽核工作 D. 会计档案的保管工作

三、判断题

1. 货币资金是指商品流通企业的经营资金在循环周转过程中停留在货币形态的资金，它

由现金、备用金和银行存款组成。　（　）

2. 库存现金是指商品流通企业为了备付日常零星开支而保管的现款。　（　）

3. 对于无法查明原因的现金溢余，经批准冲减管理费用。　（　）

4. 一个商品流通企业只能开立一个基本存款账户。　（　）

5. 商品流通企业银行存款日记账与银行对账单不符的原因只有两个：一个是记账错误；另一个是存在未达账项。　（　）

四、计算及账务处理题

1. 华夏商厦为增值税一般纳税人，税率为13%，3月份发生下列经济业务。

(1) 1日，签发现金支票，提取现金900元。

(2) 2日，向日化厂购进商品一批，货款42 500元，增值税额5 525元，款项当即签发转账支票付讫。

(3) 3日，日化厂商品运到，验收入库。

(4) 4日，销售商品收入35 000元，增值税销项税额4 550元，收到转账支票，当即存入银行。

(5) 5日，填制银行本票申请书一份，金额28 250元，银行受理后，收到同等数额的银行本票。

(6) 6日，向大华伞厂购进商品一批，价款25 000元，增值税额3 250元，当即以5日银行签发的银行本票付讫。

(7) 7日，大华伞厂商品运到，验收入库。

(8) 15日，销售给沪光商厦商品一批，价款27 000元，增值税额3 510元，收到2个月到期的不带息商业汇票一张。

(9) 18日，销售给东方商厦商品一批，价款25 000元，增值税额3 250元，收到2个月期限的带息商业汇票，月利率为千分之六。

(10) 21日，向新光灯具厂购进商品一批，价款48 000元，增值税额6 240元，当即签发2个月期限的带息商业汇票付讫，月利率为千分之六。

(11) 21日，将本月15日收到的不带息商业汇票一张，金额为30 510元，向银行申请贴现，月利率为千分之六点三。

(12) 26日，销售给浦江商厦商品一批，价款36 000元，增值税额4 680元，收到1个月期限的带息商业汇票，月利率为千分之六。

(13) 28日，将本月18日收到的带息商业汇票一张，金额28 250元，月利率为千分之六。向银行申请贴现，贴现率为千分之六点三，银行审查后，同意贴现，并将贴现金额存入银行。

(14) 31日，计提本月21日签发给新光灯具厂的带息商业汇票的应付利息。

(15) 31日，计提本月26日收到浦江商厦付来的带息商业汇票的应收利息。

要求：根据上述经济业务，编制相应会计分录。

2. 华夏商厦业务如下。

(1) 3月1日，签发现金支票900元，拨付行政部门备用金定额。

(2) 31日，总务部门送来报销发票，其中：清扫费120元，账页费96元，快递费150元，市内交通费75元，招待客户费350元。经审核无误，当即以现金补足其备用金定额。

要求：根据上述经济业务，编制相应会计分录。

五、案例分析题

张明是华夏商厦刚入职的出纳人员，在日常工作中出现如下两件事情：

(1) 2×19 年 6 月 18 日，现金业务结束后进行现金清查时，发现现金短缺 50 元，找不到原因，他觉得钱也不多，于是自掏腰包补齐了 50 元的现金短缺；

(2) 2×19 年 6 月 26 日，现金业务结束后进行现金清查时，发现现金溢余 40 元，找不到原因，他觉得钱也不多，于是放入自己的腰包。

请问张明对上述两项业务的处理是否正确？为什么？正确的处理方法是什么？

第三章　商品流通核算概述

本章基本内容框架

- 商品流通的含义
- 商品购销范围
  - 商品购进的范围
  - 商品销售的范围
- 购销商品的交接方式
  - 提货制
  - 送货制
  - 发货制
- 商品购销的入账时间
  - 商品购进的入账时间
  - 商品销售的入账时间
- 商品销售的入账价格
  - 商品购进的入账价格
  - 商品销售的入账价格
- 商品流通的核算方法
  - 数量进价金额核算法
  - 数量售价金额核算法
  - 售价金额核算法
  - 进价金额核算法

重点、难点讲解及典型例题

一、商品流通的含义

商品流通是指社会产品通过货币结算，由生产领域转移到消费领域的过程。要完成商品从生产领域转移到消费领域的整个流通过程，一般要经过批发商品流通和零售商品流通两个环节。

【例题 1 · 多项选择题】 批发商品流转是批发企业向工农业生产部门购进商品，供应给(　　)的商品交易活动。

A. 零售企业用作转卖

B. 个人生活消费

C. 生产企业用作加工

D. 批发企业用作批发

【答案】 ACD

【解析】 批发商品流通是商品流通企业从生产企业购进商品出售给零售企业以便继续转卖，或出售给生产企业继续加工的商品交易活动。

二、商品购销范围

1. 商品购进的范围

商品购进是商品流通企业为销售或加工后销售，通过现金或转账结算付出货币并取得商品或商品所有权的交易行为。

商品购进范围包括：从工业、农业和其他部门购进的商品；向城市居民和农村集体或个人购进的商品；从国外进口的商品。

2. 商品销售的范围

商品销售是商品流通企业通过现金或转账结算，付出商品并取得货款或收取货款权利的交易行为。

商品销售的范围包括售与工业、农业、手工业、服务性行业和其他部门作为继续加工生产或耗用的商品。

【例题 2 · 多项选择题】 不属于商品购进范围的商品有（　　）。

A. 接受捐赠的商品

B. 加工收回的商品

C. 购进商品溢余的商品

D. 接受投资的商品

E. 销货退回的商品

【答案】 ACD

【解析】 商品销售的范围包括售与工业、农业、手工业、服务性行业和其他部门作为继续加工生产或耗用的商品。

三、购销商品的交接方式

1. 提货制

2. 送货制

3. 发货制

四、商品购销的入账时间

1. 商品购进的入账时间

商品购进一般以支付货款取得商品所有权或收到商品的时间作为入账时间。在货款先付的情况下，以支付货款的时间作为商品购进的入账时间；在商品先到货款后付的情况下，以收到商品的时间为商品购进的入账时间。

2. 商品销售的入账时间

根据商品交接货方式和货款结算方式的不同，商品流通企业商品销售入账时间有以下几种情况。

(1) 采用直接收款方式销售商品，在实际收到货款或取得收取货款的凭证时，作为收入的实现。

(2) 采用托收承付和委托收款结算方式销售商品，在发出商品并办妥托收手续时，作为收入的实现。

(3) 采用分期收款结算方式销售商品，应按合同约定的收款日期作为收入的实现。

(4) 采用预收货款方式销售商品，在商品发出时作为收入的实现。

(5) 委托其他单位代销的商品，分别以下情况确认收入：

第一，视同买断，受托方将商品销售，应按实际售价作为销售收入，并向委托方开具代销清单，委托方收到代销清单时，作为收入的实现。

第二，收取手续费，委托方应在受托方将商品销售后收到代销清单时，作为收入的实现，受托方在商品销售后，按应收取的手续费确认收入。

(6) 在交款提货的情况下，如果货款已经收到，只要账单和提货单已经交给买方，不论商品是否发出，都应作为收入的实现。

(7) 以旧换新销售，销售的商品按照商品销售的方法确认收入，回收的商品作为购进的商品处理。

(8) 出口销售的商品，陆运以取得承运货物收据或铁路联运运单、海运以取得出口装船提单、空运以取得运单，并向银行交单后作为收入的实现。预收货款不通过银行交单的，取得以上提单、运单后，作为收入的实现。

(9) 自营进口的商品，如企业与国内用户签订合同实行货到结算的，在货船到达我国港口并取得外运公司的船舶到港通知向订货单位开出结算凭证时，作为收入的实现；合同规定对国内实行单到结算的，凭国外账单向订货单位开出结算凭证时作为收入的实现；库存进口商品凭出库单向用户开出结算凭证后作为收入的实现。

五、商品购销的入账价格

1. 商品购进的入账价格

商品购进的入账价格应为商品的实际采购成本。采购过程中发生的运输费、装卸费、保险费、包装费、仓储费等费用、运输途中的合理损耗和入库前的挑选整理费等计入商品的实际成本。

2. 商品销售的入账价格

(1) 批发价，是批发企业将商品销售给零售企业或其他企业的价格。

(2) 零售价，是零售企业将商品销售给个人或集体消费者的价格。

(3) 批发价或零售价。

(4) 协商价。

【例题 3 · 单项选择题】　批发商品购进的入账价格一般是(　　)。

A. 商品的原进价　　　　B. 商品的原进价加运费

C. 商品的售价　　　　D. 商品购进实际支付的价款

【答案】　B

【解析】　批发商品购进的入账价格应为商品的实际采购成本。采购过程中发生的运输费、装卸费、保险费、包装费、仓储费等费用、运输途中的合理损耗和入库前的挑选整理费等计入商品的实际成本。

六、商品流通的核算方法

1. 数量进价金额核算法

2. 数量售价金额核算法

3. 售价金额核算法
4. 进价金额核算法

【例题4·单项选择题】 数量进价金额核算法的优点是(　　)。

A. 便于进货销售和加强管理
B. 便于登记库存商品明细账
C. 简化核算手续
D. 能够反映每种商品的进销存数量和金额,便于从数量和金额两个方面进行控制。

【答案】 D

【解析】 数量进价金额核算法对商品实物数量和进价金额实行双重控制,有利于满足业务部门开展销售业务、会计部门加强资金管理、保管部门明确责任和保护商品安全的需要。

思考与练习

一、单项选择题

1. 在商品批发大中型企业,商品核算适宜采用(　　)。

A. 数量进价金额核算　　B. 数量售价金额核算
C. 进价金额核算　　D. 售价金额核算

2. 国内购进商品存货的成本确定,应按取得商品时的(　　)确定。

A. 进货原价
B. 进货原价+进货费用
C. 进货原价+增值税进项税额
D. 进货原价+进货费用+增值税进项税额

3. 批发商品购进,在先收到商品,后支付货款的情况下,应将(　　)作为商品购进入账的时间。

A. 收到商品的时间　　B. 商品验收入库的时间
C. 支付货款的时间　　D. 收到付款凭证的时间

4. 批发企业采用预收货款方式销售商品,在(　　)作为收入实现。

A. 预收货款时　　B. 签订销售合同时
C. 收到销货款时　　D. 商品发出时

5. 批发企业采用托收承付和委托收款结算方式销售商品时,在(　　)作为收入实现。

A. 发出商品时　　B. 签订销售合同时
C. 收到销货款时　　D. 商品发出办妥托收手续时

二、多项选择题

1. 批发企业的下列业务中,属于商品购进的有(　　)。

A. 委托加工完工收回商品
B. 购进商品包装物
C. 向木工厂购进柜台
D. 向工厂购进用于销售的布匹、服装

E. 产地发来并已支付货款的皮大衣、夹克等商品

2. 商品购进必须具备的条件有（　　）。

A. 以销售为目的　　B. 转移商品所有权

C. 通过货币结算　　D. 通过转账结算

E. 取得商品所有权

3. 商品购进必须具备的条件有（　　）。

A. 企业所经营的商品　　B. 通过货币结算

C. 收到货款　　D. 商品已发出

E. 失去商品所有权

4. 下列业务中，属于商品销售范围的有（　　）。

A. 售给废品收购站的废旧物资　　B. 售给零售企业的商品

C. 售给市场个体户的商品　　D. 出售单独计价的商品包装物

E. 本企业按售价转账使用的商品麻袋

5. 商品流通企业商品购销货方式主要有（　　）。

A. 配货制　　B. 送货制　　C. 发货制　　D. 提货制

E. 到付制

三、判断题

1. 商品流通一般经过批发商品流转和零售商品流转两个环节，经营批发商品流转的部门叫零售企业，经营零售商品流转的部门叫批发企业，由于它们经营目的和管理要求不同，批发企业商品核算，一般采用售价核算，零售企业商品核算一般采用进价核算。（　　）

2. 根据批发商品流转业务的特点及核算要求，批发企业的商品存货的核算适宜采用售价核算，即“售价金额核算实物负责制”办法。（　　）

3. 商品购进入账时间的确定可分为两种情况：一是先支付货款，后收到商品，以收到商品作为商品购进的入账时间；二是先收到商品，后支付货款，以支付货款的时间作为商品购进入账时间。（　　）

4. 商品销售的确认和入账时间是指：商品销售，应于商品已经发出，商品的所有权已转移给购买方，收到货款或取得收取货款的凭证时，作为收入的实现。（　　）

5. 采用“托收承付”和“委托收款”结算方式销售商品，在发出商品收到货款时，作为收入的实现；采用分期收款方式销售商品，发出商品时，作为收入的实现。（　　）

6. 采用预收货款方式销售商品，在收到货款时，作为收入的实现；委托其他单位代销的，已发出商品时，作为收入的实现。（　　）

7. 批发商品流通是整个商品流通的最终环节。（　　）

8. 向外单位购进专供本单位自用的商品不属于商品购进的范围。（　　）

9. 商品销售环节是货币资金转变为商品资金的过程。（　　）

10. 进价金额核算法适用于鲜活商品的核算。（　　）

第四章　批发企业会计核算

本章基本内容框架

- 商品购进的一般业务程序
  - 本地商品购进的一般业务程序
  - 异地商品购进的一般业务程序
- 商品批发企业购进商品时会计账户的设置及采购成本的确定
- 批发商品购进业务的核算
  - 本地购进商品的核算
  - 异地购进商品的核算
  - 农业产品收购的核算
  - 国外购进商品的核算
  - 购进商品溢余和短缺的核算
  - 拒付货款和拒收商品的核算
  - 进货退出的核算
  - 进货退、补价的核算
  - 代购商品的核算
- 批发商品销售的一般业务程序
  - 本地商品销售的一般业务程序
  - 异地商品销售的一般业务程序
- 批发商品一般销售业务的核算
  - 批发商品本地销售的核算
  - 批发商品异地销售的核算
- 批发商品特殊销售业务的核算
  - 委托代销商品的核算
  - 分期收款销售商品
  - 直运商品销售的核算
  - 农副产品销售的核算
  - 出口商品的核算
  - 销售折扣与折让的核算
  - 销货退回的核算
  - 销货退款、补价的核算
- 批发商品储存业务的核算
  - 库存商品明细分类核算
  - 商品销售成本的计算和结转
  - 商品盘点和溢缺的核算
  - 商品削价和商品非正常损失的会计处理
  - 库存商品跌价的核算

重点、难点讲解及典型例题

一、批发商品购进的核算

商品批发是指商业经营者购进商品后，再将购进的商品用于销售的一种商业经营活动。

批发商品流通过程包括商品购进、销售和储存三个环节。商品购进是商品流通的起点，为商品销售、储存提供物质基础。

1. 商品购进的一般业务程序

(1) 本地商品购进的一般业务程序。本地商品购进是由商品流通企业向当地的生产企业或批发企业进货。一般采用"送货制"和"提货制"的交接货方式接收商品。货款大多采用支票结算和委托收款结算方式。

(2) 异地商品购进的一般业务程序。异地商品购进是由商品流通企业向外地生产企业或批发企业进货。一般采用"发货制"交接货方式接收商品，货款结算大多采用"托收承付""委托收款""商业汇票""银行汇票""汇兑"等结算方式。

【例题1·单项选择题】 批发企业同城和异地商品购进、销售均可使用票据结算方式的是(　　)。

A. 支票　　B. 银行本票　　C. 商业汇票　　D. 银行汇票

【答案】 C

【解析】 本地购进商品货款大多采用支票结算和委托收款结算方式，异地购进商品货款结算大多采用"托收承付""委托收款""商业汇票""银行汇票""汇兑"等结算方式。

【例题2·多项选择题】 异地商品购销的交接方式可以采用(　　)。

A. 送货制　　B. 发货制　　C. 提货制　　D. 未托代管

【答案】 C

【解析】 购进商品的交接方式包括送货制、发货制和提货制。

2. 商品批发企业购进商品时会计账户的设置及采购成本的确定

商品批发企业为了核算商品购进及其销售的情况，一般应设置以下会计账户。

1) 主要账户设置

主要账户：
- "在途物资"账户
- "库存商品"账户
- "应交税费"账户

2) 商品采购成本的确定

(1) 国内购进用于国内销售和用于出口的商品，以进货时所支付的价税款扣除按规定计算的进项增值税款后的数额以及购进商品所发生的进货费用作为采购成本。

(2) 企业进口的商品，其采购成本包括进口商品的国外进价、应分摊的外汇价差、关税和佣金。如以离岸价格成交的，其离岸后应由企业负担的运费、保险费等，也应计入采购成本。

(3) 企业委托其他单位代理进口的商品，其采购成本为实际支付给代理单位的全部价税款扣除按规定计算的进项税额后的数额。

(4) 企业购进免税农业产品，其采购成本为支付的收购价款扣除按规定计算的进项税款后的数额。

(5) 年应税销售额在80万元以下的小规模纳税人购进的商品,无论是否取得增值税专用发票,其支付的增值税额均不计入进项税额,不得从销项税额中抵扣而计入商品的采购成本。

3. 批发商品购进业务的核算

(1) 本地商品购进的核算。本地商品购进,由于企业与供货单位在同一城市,商品验收与货款结算一般在同一天办理。

(2) 异地商品购进的核算。异地商品购进,由于企业与供货单位不在同一城市,商品由交通运输部门运送,而货款的结算凭证是由银行传递的,因此,就可能发生商品与货款结算凭证到达企业的时间不一致。

4. 农业产品收购的核算

(1) 农业产品收购一般程序。收购农业产品时,在做好验质、定级、计价、点数、过秤和入库验收等一系列工作后,由收购人员根据收购的大宗农业产品和零星农业产品,分别填制一式多联"农业产品收购凭证"和"农业产品收购计数单",每日或定期按品名汇总编制"农业产品收购汇总表"办理付款,并报送财会部门。

(2) 收购农业产品的核算。①直接收购农业产品的核算。直接收购农业产品是指商业企业设置收购网点,以自筹资金直接向生产者收购农业产品的业务活动。购进免税农业产品,按买价依照9%的扣除率计算进项税额。②预购农业产品的核算。反映预购定金的账户是"预付账款"账户,属于资产类账户,用来核算企业按购货合同规定预付给供应单位的货款。借方登记支付预付款数,贷方登记收购商品时应付的价款,借方余额表示尚未结算的预付款项。

【例题3·单项选择题】 "预付账款"科目属于( )。

A. 资产类科目　　　　B. 负债类科目

C. 权益类科目　　　　D. 损益类科目

【答案】 A

【解析】 反映预购定金的账户是"预付账款"账户,属于资产类账户,用来核算企业按购货合同规定预付给供应单位的货款。

5. 国外购进商品的核算

商业企业为扩大花色品种,满足市场需要,通过编制计划,签订进口合同,从国外购进适销对路的商品。在接到对方发运通知后,做好接运准备及办理投保手续,收到银行转来国外寄来(或直接寄来)全套单据后,应与进口合同进行核对,经审核无误后办理货款结算手续。

6. 购进商品溢余和短缺的核算

购进商品后,企业应严格验收数量和质量。在验收时如发现实收数多于或少于应收数量,即为购进商品溢余和短缺。

购进商品发生溢余和短缺的原因很多,有的是由于商品本身性能和自然条件的变化而造成的商品升溢或损耗;有的是由于供货单位的工作差错,如多发或少发造成的;也有的是运输单位的失职而造成的丢失、破坏等。

购进商品发生溢余和短缺情况,应由验收部门会同运输单位作出详细记录和鉴定证明,并填制"商品溢余(短缺)报告单"(见表4-1),报有关部门作为清查和处理的依据。

表 4-1 商品溢余(短缺)报告单

年 月 日　　　　　　编 号:

收货单位:　　　　供货单位:　　　　　　　　　　发货单位编号:

<table>
<tr><th rowspan="2">货号</th><th rowspan="2">规 格
及品名</th><th rowspan="2">单位</th><th rowspan="2">应收
数量</th><th rowspan="2">实收
数量</th><th rowspan="2">溢余
短缺</th><th rowspan="2">数量</th><th rowspan="2">单价</th><th rowspan="2">金额</th><th colspan="2">增减进项税额</th></tr>
<tr><th>税率(%)</th><th>税额</th></tr>
<tr><td></td><td></td><td></td><td></td><td></td><td></td><td></td><td></td><td></td><td></td><td></td></tr>
<tr><td>原因</td><td colspan="10"></td></tr>
<tr><td>处理
意见</td><td colspan="2">领导
批示</td><td colspan="5">财会部门
意　　见</td><td colspan="3">经办人
意　见</td></tr>
</table>

购进商品发生溢余和短缺,在未查明原因以前,先按商品实收数入库,并根据"商品溢余(短缺)报告单"将溢余或短缺商品先以"待处理财产损溢——待处理流动资产损溢"账户处理,对于"待处理财产损溢",一般不考虑增加增值税进项税额;但若购进商品发生毁损与短缺,属于正常情况的,可以减少增值税进项税额,属于非正常情况的,则不得抵扣。

【例题 4 · 单项选择题】 购进商品验收入库发生溢余,财会部门应按(　　)记入"库存商品"科目。

A. 应收商品数量及金额

B. 实收商品数量及金额

C. 实收商品数量及金额+溢余商品增值税

D. 应收商品数量及金额+溢余商品增值税

【答案】 B

【解析】 购进商品发生溢余和短缺,在未查明原因以前,先按商品实收数入库,并根据"商品溢余(短缺)报告单"将溢余或短缺商品先以"待处理财产损溢——待处理流动资产损溢"账户处理,对于"待处理财产损溢",一般不考虑增加增值税进项税额。

【例题 5 · 判断题】 批发企业购进商品,实收数量多于应收数量为商品短缺;实收数量少于应收数量为商品溢余。无论发生商品溢余或商品短缺都应分清问题性质,明确经济责任,认真处理。(　　)

【答案】 错

【解析】 批发企业购进商品,实收数量多于应收数量为商品溢余;实收数量少于应收数量为商品短缺。

7. 拒付货款和拒收商品的核算

商品流通企业从异地购进商品,采用发货制和托收承付结算方式。在承付货款和商品验收过程中,如发现发票和商品与合同规定的品种、规格、数量、质量不符,按合同规定,有权拒付全部或部分货款或拒收全部或部分商品。拒付货款和拒收商品一般有以下两种情况,应分别进行处理。

(1) 货款未付的处理。如果托收凭证未到,商品先到,验收时发现商品的品种、规格、数量、质量与合同不符,应予拒收。待收到银行转来托收凭证时,再填制"拒绝付款理由书",通过银行予以拒付。在会计核算上,均不作处理。

(2) 货款已承付的处理。企业接到银行转来托收凭证和发票联、结算联等单据，经与合同核对无误，已全数承付货款，并已入账。待商品到达后，在验收时发现商品与合同规定的品种、规格、数量、质量不符，可以向供货单位提出拒收全部或部分商品。

8. 进货退出的核算

企业购进的商品，在已承付货款并验收入库以后，发现商品的规格、品种、质量与合同不符，在征得供货单位的同意后，可以作为进货退出处理。

9. 进货退、补价的核算

企业购进商品，有时因供货单位的计价错误或按暂作价计算等原因，商品的进价与实际进价发生差异。退价或补价时，应由供货单位填制专用发票及附件"销货更正单"据以办理退、补价手续。

10. 代购商品的核算

(1) 委托代购商品的核算。委托代购商品是指商品流通企业委托其他单位代购商品。目前商品流通企业的委托代购商品业务，主要是委托收购农副产品。农副产品收购企业为了便利农民交售，除了自营收购以外，在一些未设收购机构的地区，可以委托当地商业企业或其他企业代购。委托代购时，双方应签订代购合同，规定代购农副产品的品种、规格、费用负担、手续费标准、交接货方式，以及结算办法等。

(2) 受托代购商品的核算。受托代购商品是指企业代其他单位收购商品。目前商品流通企业的受托代购业务主要有代购农副产品、代购进口商品等业务。受托代购商品的核算一般以不垫资金，收取手续费为主要形式。

【例题 6 · 多项选择题】 商品流通批发企业商品购进的方式有(　　)。

A. 同城商品购进　　B. 异地商品购进
C. 预付货款商品购进　　D. 进口商品购进
E. 工业商品购进

【答案】 ABCD

【解析】 E 属于工业企业商品的购进。

二、批发商品销售的核算

1. 批发商品销售的业务程序

(1) 本地商品销售业务程序。本地商品销售，一般采用"提货制"或"送货制"，货款结算大多采用支票、委托收款结算方式。

(2) 异地商品销售业务程序。异地商品销售，一般采用"发货制"交接方式。

2. 批发商品一般销售业务的核算

(1) 批发商品本地销售的核算。

(2) 批发商品异地销售的核算。

3. 批发商品特殊销售业务的核算

(1) 委托代销商品的核算。委托代销是指委托方根据协议，委托受托方代销商品的一种销售方式。可分为视同买断方式和支付手续费方式。

第一，视同买断方式，是指委托方和受托方签订合同或协议，委托方按协议价格收取委托代销商品的货款，实际售价可由受托方自定，实际售价与协议价之间的差额归受托方所有的销售方式。视同买断的账务处理如表 4-2 所示。

表 4-2 视同买断的账务处理

业务	会计处理	
	委托方	受托方
交付商品	借：委托代销商品 贷：库存商品	借：受托代销商品 贷：受托代销商品款
受托方实际销售商品，委托方收到代销清单	① 借：应收账款——受托方 贷：主营业务收入 应交税费——应交增值税（销项税额） ② 借：主营业务成本 贷：委托代销商品	① 借：银行存款 贷：主营业务收入 应交税费——应交增值税（销项税额） ② 借：主营业务成本 贷：受托代销商品 ③ 借：受托代销商品款 应交税费——应交增值税（进项税额） 贷：应付账款——委托方
结算货款	借：银行存款 贷：应收账款——受托方	借：应付账款——委托方 贷：银行存款

第二，在采用支付手续费代销方式下，委托方在发出商品时，商品所有权上的主要风险和报酬并未转移给受托方，委托方在发出商品时通常不应确认销售商品收入，而应在收到受托方开出的代销清单时确认销售商品收入，同时将应支付的代销手续费计入销售费用；受托方应在代销商品销售后，按合同或协议约定的方法计算确定代销手续费，确认劳务收入。支付手续费方式的账务处理如表 4-3 所示。

表 4-3 支付手续费方式的账务处理

业务	会计处理	
	委托方	受托方
交付商品	借：委托代销商品 贷：库存商品	借：受托代销商品 贷：受托代销商品款
受托方实际销售商品，委托方收到代销清单	① 借：应收账款——受托方 贷：主营业务收入 应交税费——应交增值税（销项税额） ② 借：主营业务成本 贷：委托代销商品	① 借：银行存款 贷：应付账款——委托方 应交税费——应交增值税（销项税额） ② 借：受托代销商品款 贷：受托代销商品 ③ 借：应交税费——应交增值税（进项税额） 贷：应付账款

（续表）

业务	会计处理	
	委托方	受托方
结算货款和手续费	① 借：销售费用	借：应付账款
	银行存款	贷：银行存款
	贷：应收账款——受托方	其他业务收入

（2）分期收款销售商品。分期收款销售是指商品已经交付，但货款分期收回的一种销售方式。在分期收款销售方式下，销货方将商品交付给购货方，通常表明商品所有权上的主要风险和报酬已经转移给了购货方，因此，销货方应当于发出商品时确认销售收入。

① 在通常情况下，销货方应当于发出商品时，按照从购货方已收或应收的合同或协议价款确认收入，但已收或应收的合同或协议价款不公允的除外。

② 如果延期收取的货款具有融资性质，其实质是企业向购货方提供免息的信贷，企业应当按照应收的合同或协议价款的公允价值确定收入金额。应收的合同或协议价款的公允价值，通常应当按照其未来现金流量折现或商品现销价格计算确定。

应收的合同或协议价款与其公允价值之间的差额，应当在合同或协议期间内，按照应收款项的摊余成本和实际利率计算确定的金额进行摊销，冲减财务费用。

【例题7·判断题】 分期收款的商品销售，商品发出后按原进价记入"在途商品"科目，以分期收回货款占全部应收回货款的百分比，计算本期商品销售成本，从"在途商品"科目转入"分期收款发出商品"科目。（ ）

【答案】 错

【解析】 在分期收款销售方式下，销货方将商品交付给购货方，通常表明商品所有权上的主要风险和报酬已经转移给了购货方，因此，销货方应当于发出商品时确认销售收入。

（3）直运商品销售的核算。直运商品销售是指企业将商品直接由供货单位调运给购货单位，不经过企业仓库的销售。其优点是：可以减少商品出入库手续，有利于加速商品流转，节约商品流通费用。

（4）农副产品销售的核算。农副产品的销售方式有送货制、提货制两种。货款结算一般采用银行汇票、汇兑结算方式，由于农副产品规格繁杂，一般以送货制较多。

（5）出口商品的核算。按照《企业会计准则》的规定，出口销售的商品，陆运以取得承运货物的收据或铁路联运的运单，海运以取得出口装船单，空运以取得运单，并向银行办理交单后作为收入的实现。预收货款不通过银行交单的，取得以上提单、运单之后，作为收入的实现。援外出口以取得铁路联运单或出口装船或交接凭证，开出结算委托书向银行交单时，作为收入的实现。

（6）销售折扣与折让的核算。在会计核算上，销货折扣与销货折让有总额法和净额法两种方法。

（7）销货退回的核算。批发商品售出后，由于品种、规格、质量不符合购销合同规定，购货单位要求退货，经企业同意，可以办理退货手续。销售退回可能发生在企业确认收入之前，也可能发生在企业确认收入之后。如果发生在企业收入确认之前，应减少发出商品的数量；如果发生在企业收入确认之后，实际发生的销售退回，不论是本年度还是以前年度销售的，均应该冲减本月的主营业务收入，并冲减当月的主营业务成本。

(8) 销货退款、补价的核算。批发商品销售，由于计价错误或因销售价未定，先按暂作价计算等原因，造成多计或少计货款，发生实际售价与原结算售价的差异，需要办理退价和补价手续。

【例题8·多项选择题】 商品流通批发企业商品销售有(　　)方式。

A. 同城商品销售(直接收款)

B. 异地商品销售(托收承付)

C. 分期收款商品销售

D. 出口商品销售

E. 委托代销商品

【答案】 ABCDE

【解析】 以上全部属于商品流通批发企业的商品销售方式。

三、批发商品储存的核算

1. 库存商品明细分类核算

库存商品明细账的设置如下。

(1) 三账分设，即业务部门、财会部门和仓库部门各设一套库存商品明细账。

业务部门：商品调拨账(可调库存、业务库存)——进行数量核算

财会部门：商品明细账(会计库存)——进行数量、金额核算

仓库部门：商品保管账(实际库存、保管库存)——进行数量核算

(2) 两账合一，即业务部门、会计部门合设一套库存商品明细账。

业务部门 }
财会部门 }——商品明细账(数量、金额核算)

仓库部门——商品保管账(数量核算)

(3) 三账合一，即业务部门、财会部门、仓库部门合设一套账，既登记数量又登记金额，同时提供业务、仓库和财会部门所需的库存商品明细资料。这样设置商品明细账的方法适用于“前店后仓”的企业，业务、财会、仓库三个部门同在一个场所合并办公，共同使用一本账。

业务部门 }
财会部门 }——商品明细账(数量、金额核算)
仓库部门 }

【例题9·多项选择题】 批发企业商品实行“数量进价金额核算法”“库存商品”账，实行(　　)三级管理。

A. 商品进销存数量账

B. 库存商品总分类账

C. 库存商品类目账

D. 库存商品明细分类账

【答案】 BCD

【解析】 批发企业商品实行“数量进价金额核算法”“库存商品”账核算必须进行总分类

账、明细分类账、类目账三级核算。

2. 商品销售成本的计算和结转

(1) 商品销售成本的计算方法。商品销售成本按照计算的程序,可分为顺算法和倒算法两种。顺算法的计算公式:

本期销售商品成本=本期商品销售数量×进货单价

期末结存商品金额=期末结存商品数量×进货单价

倒算法的计算公式:

期末结存商品金额=期末结存商品数量×进货单价

本期销售商品成本=期初结存商品金额+本期收入商品金额-本期非销售商品金额-期末结存商品金额

按照以上计算方法和商品的不同特点,企业可以采用的商品销售成本的计算方法主要有个别计价法、加权平均法、移动加权平均法、先进先出法和毛利率法。

发出存货的计价方法如图 4-1 所示。

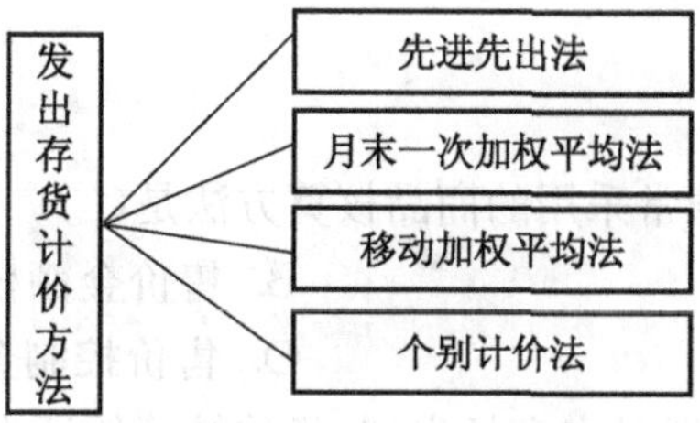

图 4-1 发出存货的计价方法

【例题 10 · 多项选择题】 批发企业商品实行"数量进价金额核算法"的商品销售成本计算方法有( )。

A. 先进先出法　　B. 月末一次加权平均法

C. 移动加权平均法　　D. 个别计价法

E. 后进先出法

【答案】 ABCD

【解析】 按照后进先出法,期末存货的成本是按较早的购货成本确定的,脱离目前市场价值,不能真实反映存货这一资产状况。我国企业会计准则规定,发出存货不允许采用后进先出法。

(2) 商品销售成本的结转时间。商品销售成本的结转时间,有按日与定期两种。除经营品种简单、简明整进整出分批销出并能分清批次的企业和制度明确规定的业务采用按日结转外,一般企业都采用定期结转。定期结转一般为按月结转。

(3) 商品销售成本的结转方法。商品销售成本的结转方法,有分散结转和集中结转两种。

3. 商品溢缺的核算

库存商品盘点溢缺的账务处理与商品购进发生溢缺的账务处理基本相同,在溢缺的原因未查明之前,应先通过"待处理财产损溢"科目进行,调整"库存商品"账户的账面记录,查明原因之后再根据不同的情况从"待处理财产损溢"账户转入各有关账户。

4. 库存商品跌价的核算

(1) 账户设置如下。

① 存货跌价准备：
- 贷方登记计提存货跌价准备的数额
- 借方登记冲减、转销、转回存货跌价准备的数额
- 期末贷方余额，反映企业已提取的存货跌价准备

"存货跌价准备"是资产类存货的备抵账户。

② "资产减值损失"账户，该账户反映企业各项资产发生的减值损失，属损益类账户。

(2) 存货跌价准备的计提方法。企业通常应当按照单个存货项目计提存货跌价准备。如果某一类存货的数量繁多并且单价较低，企业可以按存货类别计量成本与可变现净值，即按存货类别的成本总额与可变现净值的总额进行比较，每个存货类别均取较低者确定存货期末价值。

(3) 库存商品跌价的账务处理。

某期应计提的存货跌价准备 = 当期可变现净值低于成本的差额 −"存货跌价准备"账户的原有余额

思考与练习

一、单项选择题

1. 大中型批发流通企业通常采用的商品核算方法是(　　)。

A. 进价金额核算法　　B. 售价金额核算法

C. 数量进价金额核算法　　D. 售价控制金额核算法

2. 企业在购进商品时，如遇月末商品先到，货款结算凭证尚未到达则应(　　)。

A. 按实际价入账　　B. 按暂估价入账

C. 不入账　　D. 退回

3. 某企业经营商品少，进货次数少，进货单价前后相差大，该企业应采用的成本计算方法是(　　)。

A. 移动加权平均法　　B. 先进先出法

C. 毛利率推算法　　D. 个别计价法

4. 期末结存商品金额比较接近市场价格的计价方法是(　　)。

A. 个别计价法　　B. 月末加权平均法

C. 移动加权平均法　　D. 先进先出法

5. 结合运用毛利率推算法与先进先出法，计算出的第三个月的商品销售成本，实质上是(　　)。

A. 第三个月的商品销售成本

B. 对前两个月商品销售成本的调整

C. 第三个月的商品销售成本及对前两个月商品销售成本的调整

D. 对第三个月的商品销售成本的调整

6. 期末结存商品金额偏低，(　　)。

A. 商品销售成本就会偏高，毛利额就偏低

B. 商品销售成本就会偏高，毛利额也偏高

C. 商品销售成本就会偏低，毛利额就偏高

D. 商品销售成本就会偏低，毛利额也偏低

7. 以下商品销售成本的核算方法中，计算出的单位成本较均衡的是(　　)。

A. 月末加权平均法　　B. 移动加权平均法

C. 先进先出法　　D. 个别计价法

8. 以下核算方法中，适用于珠宝流通企业的是(　　)。

A. 月末加权平均法　　B. 移动加权平均法

C. 先进先出法　　D. 个别计价法

9. 购进商品短缺，如果查明属于运输单位的失职，应列作(　　)。

A. 销售费用　　B. 其他应收款

C. 营业外支出　　D. 其他应付款

10. 购入商品在验收入库时发现实收数多于应收数，则将多收商品贷方记入(　　)账户。

A. “材料采购”　　B. “库存商品”

C. “待处理财产损溢”　　D. “销售费用”

二、多项选择题

1. 批发商品流通企业对异地销售商品时，可以采用(　　)结算方式。

A. 支票　　B. 托收承付　　C. 商业汇票　　D. 银行汇票

2. 商品流通企业可能发生的采购成本有(　　)。

A. 包装费　　B. 运输费

C. 运输途中的合理损耗　　D. 购买价格

3. 发运商品时，由于运输环节的问题，结算付款的单证与商品到达购货单位的时间不可能完全一致，因此可能出现的三种情况有(　　)。

A. 单货同到　　B. 单货都未到

C. 单到货未到　　D. 货到单未到

4. “库存商品”账户借方登记的有(　　)。

A. 购入并以验收入库的商品　　B. 委托加工完成验收入库的商品

C. 商品盘盈　　D. 销货退回

5. 商品销售收入的确认条件有(　　)。

A. 企业已将商品所有权上的主要风险和报酬转移给购货方

B. 企业既没有保留通常与所有权上相联系的继续管理权，也没有对已售出的商品实施控制

C. 与交易相关的经济利益能够流入企业

D. 相关的收入和成本能够可靠地计量

6. 企业财务部门一般设置的“库存商品”账户有(　　)。

A. “库存商品”类目账　　B. “库存商品”明细账

C. “库存商品”总账　　D. 商品保管账

7. 批发企业“库存商品”明细账的设置方法有(　　)。

A. 以单代账　　B. 三账分设

C. 两账合一　　D. 三账合一

8. 毛利率推算法可以与(　　)结合运用。
A. 移动加权平均法　　B. 月末加权平均法
C. 个别计价法　　D. 先进先出法

9. 商品销售成本按其结转时间的不同可分为(　　)。
A. 随时结转　　B. 分散结转
C. 定期结转　　D. 集中结转

10. “三账分设”是指(　　)各设一套“库存商品”明细账。
A. 财务部门　　B. 业务部门
C. 人力资源部门　　D. 仓库部门

三、判断题

1. 批发企业商品购进业务的核算,需要设置“在途物资”和“库存商品”等账户。(　　)

2. 增值税一般纳税人外购货物所支付的运输费用,根据运费结算单据所列运费和装卸费按7%扣除率计算进项税额抵扣。(　　)

3. 购进商品在运输途中由于不可抗拒的自然灾害等因素,发生损耗的,应记入“营业外支出”科目。(　　)

4. 购进商品发生短缺,不论是自然损耗还是责任事故,经领导批准由企业列支时,均列入“营业外支出”账户(　　)

5. 库存商品的账户体系包括:总账、类目账和明细账三个层次,层层衔接,逐级控制。(　　)

6. 三账分设即业务部门、财会部门和仓库部门各设一套“库存商品”明细账。(　　)

7. 商品销售成本的顺算法一般采用逐日结转,工作量较大。(　　)

8. 商品销售成本的倒算法是先计算各种商品的期末结存金额,然后再据以计算商品销售成本。(　　)

9. 毛利率推算法计算方法准确,适用于各季度商品实际毛利率差异不大,且经营品种较多,按月计算销售成本有困难的企业。(　　)

10. 商品销售成本结转方式中的随时结转主要适用于直运商品销售和成批进成批出的商品销售。(　　)

四、计算及账务处理题

1. 华夏批发公司为增值税一般纳税人,10月份发生以下经济业务。

(1) 10日,向甲服装厂购进羊绒大衣1 000件,单价1 400元,价款1 400 000元,增值税额182 000元。商品验收入库,款项以转账支票付讫。

(2) 12日,向第二纺织厂购进针织涤纶20 000千米,单价12元,共计价款240 000元,增值税额31 200元,款项以转账支票付讫,商品运费及税费300元,取得运费专用发票,发票上的增值税额为27元,以现金支付,商品验收入库。

(3) 18日,向海信集团购进55英寸液晶电视50台,单价3 800元,共计价款190 000元,增值税额24 700元,其中200 000元款项以银行承兑汇票结算、余款14 700元开具转账支票付讫。同时支付给银行承兑手续费100元。商品尚在点验过程中。

(4) 19 日，上述电视全部点验入库。

(5) 31 日，向第二纺织厂购进羊绒线 3 000 千克，毛线验收入库，货款尚未办理结算。羊绒线按每千克 300 元，计 900 000 元估价入账。

要求：根据上述经济业务，编制相应会计分录。

2. 华夏批发公司 10 月份发生下列经济业务。

(1) 2 日，从便民食品厂购进夹心饼 500 千克，单价 4.6 元，共计 2 300 元，香酥饼 500 千克，单价 5.4 元，共计 2 700 元，增值税额 650 元，银行转来托收凭证及供货方销货发票，审核无误，承付款项，商品在途。

(2) 6 日，收到仓库转来商品验收单(略)和溢余短缺报告(略)，夹心饼溢余 45 千克，香酥饼短缺 22 千克，商品溢余短缺原因待查。

(3) 经联系，便民食品厂发来夹心饼溢余 45 千克，有 40 千克为供货方多发，另 5 千克为正常升溢。短缺的香酥饼 22 千克有 20 千克为供货方少发，同意补发货，货已到达，另 2 千克为正常损耗。

要求：根据上述经济业务，编制相应会计分录。

3. 华夏批发公司 10 月份发生下列经济业务。

(1) 1 日，向本市乙百货商店销售 55 英寸液晶电视 20 台，单价 5 000 元，单位成本 4 000 元，开具增值税专用发票，销售额为 100 000 元，增值税额为 13 000 元，价税合计 113 000 元，收到转账支票存入银行。

(2) 5 日，向某小规模纳税人销售毛巾被 10 件，含税价格 103 元/件，单位成本 80 元/件，商品购货方自提，款项尚未收到。

(3) 10 日，收到上述小规模纳税人所欠货款 1 030 元，送存银行。

要求：根据上述经济业务，编制相应会计分录。

4. 华夏批发公司 10 月份发生下列经济业务。

(1) 2 日，销售给某百货公司针织羊毛衣一批，售价 20 000 元，销项税额 2 600 元，该批商品原进价 15 000 元，商品发出，货款收存银行。

(2) 10 日，销售给某百货公司的针织羊毛衣因已虫蛀，经协商同意退货，本日商品验收入库开具红字增值税发票，以银行存款退回全部款项。

要求：根据上述经济业务，编制相应会计分录。

5. 华夏批发公司 9 月末“库存商品”账户余额 1 000 000 元，按规定比例 3‰计提存货跌价准备 3 000 元。10 月份发生下列经济业务。

(1) 18 日，经批准削价销售冷背呆滞商品一批，原进价 15 000 元，削价销售收入 10 000 元，增值税额 1 300 元，款项已收存银行。用账存削价准备金，抵销削价损失 2 000 元。

(2) 31 日，“库存商品”账户余额 1 200 000 元，计算应补提的商品削价准备。

要求：根据上述经济业务，编制相应会计分录。

第五章　零售企业会计核算

本章基本内容框架

- 零售商品
  - 经营特点
  - 核算内容
- 零售商品购进
  - 业务程序
  - 会计账户设置
  - 会计处理
    - 本地购进
    - 异地购进
    - 预付货款购进
    - 购进过程溢余和短缺
- 零售商品销售
  - 业务程序
  - 会计账户设置
  - 会计处理
    - 日常账务处理
    - 月末账务处理
    - 已销商品进销差价的结转
      - 综合差价率计算法
      - 分类(组)差价率计算法
      - 盘存差价率计算法
- 零售商品储存
  - 商品调价
  - 商品削价
  - 商品的内部调拨
  - 商品盘点的溢余和短缺
- 鲜活商品的核算
  - 鲜活商品的购进
  - 鲜活商品的销售
  - 鲜活商品的储存
- 电商企业销售业务的会计核算
  - 电商企业销售收入类型
  - 电商企业一般销售收入的核算
  - 电商企业特殊销售收入的核算

重点、难点讲解及典型例题

一、零售商品的经营特点和核算内容

1. 零售企业的经营特点

(1) 经营商品品种繁多,规格型号比较复杂。

(2) 交易次数频繁而且数量零星,销售对象主要是广大消费者。

(3) 销售时一般是现货交易,成交的时间短,并不一定要填写销货凭证。

(4) 销售部门对其所经销的商品负有物资保管责任。

2. 售价金额核算法的内容

(1) 建立实物负责制。

(2) 库存商品按售价金额入账。

(3) 设置"商品进销差价"账户。零售企业库存商品采用售价金额核算时,应设置"商品进销差价"账户,该账户是"库存商品"账户的调整账户,用来核算售价与进价之间的差额。

(4) 加强实地盘点制度。

(5) 建立健全各业务环节手续制度,明确经济责任,加强管理。

二、零售商品购进的核算

1. 零售企业商品购进的业务程序

零售商品购进,一般由实物负责人根据商品库存和销售情况,自行组织进货。设有专职采购员的企业,可由实物负责小组提出要货计划,由采购员组织进货。

购进商品{本地购进:提货制和送货制
异地购进:发货制}

2. 零售企业商品购进的账户设置

(1) "在途物资"账户,如图 5-1 所示。

借方　　　　在途物资	贷方
期初余额 购入并以取得发票等会计凭证或以支付货款但未运抵的商品的实际成本	购入到达并验收入库的商品的实际成本
期末余额:购入但尚在途中的商品的实际成本	

图 5-1 "在途物资"账户

(2) "库存商品"账户,如图 5-2 所示。

借方　　　　库存商品	贷方
期初余额 验收入库商品的售价	结转已销商品的售价
期末余额:库存商品的售价	

图 5-2 "库存商品"账户

(3)“商品进销差价”账户，如图 5-3 所示。

借方　　商品进销差价	贷方
月末分摊已销商品应分摊的进销差价，商品加工付出、出租转出应分摊的进销差价 商品调价减值以及商品短缺而转销的进销差价	期初余额 购进、加工收回、销货退回商品售价大于进价的差价 商品调价以及商品溢余增加的进销差价
	期末余额：库存商品的进销差价

图 5-3　“商品进销差价”账户

【例题 1·判断题】　售价金额核算法“库存商品”以含税售价记账，含税进销差价记入“商品进销差价”账户。

【答案】　对

【例题 2·判断题】　“商品进销差价”账户属于资产类账户，是“库存商品”账户的调整抵减账户，用于核算库存商品含税售价和不含税进价之间的差额。

【答案】　对

3. 零售企业商品购进的会计核算

(1) 本地商品购进，具体情况如表 5-1 所示。

表 5-1　本地商品购进

交接货方式	结算方式	单据
提货制或发货制	支票、本票或委托收款	入库验收单、专用发票、付款凭证

(2) 异地商品购进。

异地商品购进，由于商品的发运时间和结算凭证的传递时间不一致，通常会发生先付款，后到货；先到货，后付款以及到货与付款同时进行三种情况。

异地商品购进：
- 承付货款与到货同一天
- 先承付货款和运费，后到货
- 商品先到，后付款

【例题 3·单选题】　2×19 年 4 月 8 日，华琴商业公司购进豆浆机 200 台，每台 200 元，共计 40 000 元，增值税 5 200 元，销售方代垫运费，收到增值税专用发票注明价款 300 元，税款 33 元。货款已支付，当天收到家电组转来的收货单，验收入库豆浆机 200 台，每台零售价 350 元。确定该笔购进业务应确认的“商品进销差价”的入账金额为(　　)元。

A. 29 700　　B. 37 580　　C. 29 667　　D. 37 613

【答案】　A

【解析】　售价金额核算法“库存商品”以含税售价记账，含税进销差价记入“商品进销差价”账户。购进商品确认“在途物资”入账金额：200×200＋300＝40 300(元)，商品未来销售含税售价：350×200＝70 000(元)，确认“库存商品”入账金额 70 000 元，因此，“商品进销差价”入账金额：70 000－40 300＝29 700(元)。

【例题 4·判断题】　零售企业购进商品，当商品运到，货款未支付时，企业应将货物验收入库，平时不作账务处理，月末如仍未付款，按暂估进价入账。

【答案】 对

【解析】 商品运到，验收入库，平时不作账务处理，月末如仍未付款，按暂估进价入账。

4. 预付货款购进商品

预付货款购进商品时，商品购进的确认标准与批发企业商品预付货款购进相同，即预付货款的支付不能作为确认商品购进的标志，必须收到销售方发来的商品后，才能作为商品购进。

【例题5·判断题】 零售企业购进商品采用预付货款这种购买方式，待支付预付款时应确认商品购进。

【答案】 错

【解析】 预付货款购进商品时，商品购进的确认标准与批发企业商品预付货款购进相同，即预付货款的支付不能作为确认商品购进的标志，必须收到销售方发来的商品后，才能作为商品购进。

5. 购进商品发生溢余和短缺的核算

企业在组织商品购进过程中，由于自然因素和差错事故等因素，发生商品溢余和短缺。应及时按规定转入"待处理财产损溢"账户，查明原因，进行处理。

(1) 购进商品溢余的核算。

溢余：实收数入库 —查明原因→ {供货单位多发：补付货款；运输途中自然升溢：冲减销售费用}

【例题6·判断题】 零售企业购进商品，当商品发生溢余，如系运输途中自然升溢，作减少商品损耗处理，冲减管理费用。

【答案】 错

【解析】 零售企业购进商品，当商品发生溢余，如系运输途中自然升溢，作减少商品损耗处理，冲减销售费用。

【例题7·单选题】 某零售单位2×15年2月15日，从糖厂购进散装白糖50千克，进价8元/千克，零售价10元/千克。白糖运到食品组验收时，发现溢余15千克，则"待处理财产损溢"账户应确认的金额是(　　)元。

A. 150　　B. 120　　C. 30　　D. 400

【答案】 B

【解析】 购进商品发生溢余，先按实收数入库，将溢余数按不含税进价转入"待处理财产损溢"账户。查明原因后，再分情况进行处理。

(2) 商品短缺的核算。

短缺：实收数入库 —查明原因→ {自然损耗：计入销售费用；供货方少发：补货或退款；运输途中事故：扣除保险赔款及残料价值后的余额列作营业外支出}

【例题8·单选题】 某零售单位2×19年4月15日，购进商品一批共150千克，进价12元/千克，进项税额234元，零售价20元/千克。商品运到食品组验收时，发现短缺10千克，则"其他应收款"账户应确认的金额是(　　)元。

A. 135.6　　B. 120　　C. 200　　D. 220

【答案】 A

【解析】 购进发生短缺,原因查明前通过"待处理财产损溢"账户核算。查明原因后,如果是属于运输途中的事故,应该由保险部门、运输部门或有关责任人员赔偿,作为"其他应收款"处理。

借:其他应收款 135.6
　贷:待处理财产损溢 120
　　应交税费——应交增值税(进项税额转出) 15.6

三、零售商品销售的核算

1. 零售企业商品销售的业务程序

(1) 收款方式。

零售企业销货时主要采用以下两种收款方式:

{直接收款销售
{集中收款销售

2. 解缴方式

不论采用哪种付货收款方式,每天收入的销货款,都必须按照现金管理的规定及时送存银行。企业销货款送存银行有以下两种方式:

{集中解缴
{分散解缴

3. 零售企业商品销售涉及的账户

零售企业商品销售业务的核算,需要设置"主营业务收入""主营业务成本"等账户。

(1)"主营业务收入"账户,如图 5-4 所示。

借方　　主营业务收入	贷方
销售退回等 期末转入"本年利润"的净收入	当期实现的主营业务收入
	期末结转后无余额

图 5-4 "主营业务收入"账户

(2)"主营业务成本"账户,如图 5-5 所示。

借方　　主营业务成本	贷方
结转的已销商品含税售价	计算结转的已销商品应分摊的商品进销差价 按进价成本数额转入"本年利润"账户
期末结转后无余额	

图 5-5 "主营业务成本"账户

4. 零售企业商品销售的会计核算

零售企业销售会计核算
- 日常
  - 确认收入
  - 结转成本
- 月末
  - 结转已销商品进销差价
  - 确认当月增值税

(1) 零售企业商品销售日常的账务处理。

零售企业商品流转的方法一般采用售价金额核算法。"库存商品"账户按含税零售价核算,其售价及销项税额与进价的差额在"商品进销差价"账户中反映。①主营业务收入的核算。为了简化核算手续,实行售价金额核算法的企业,商品销售后,平时在"主营业务收入"账户中反映含税的销售收入,期末再将其调整为真正的商品销售额,即不含税销售额。②主营业务成本的核算。零售企业在确认销售收入的同时,应按售价随时结转已销库存商品的成本,以注销库存商品,反映实物负责人所经管商品的实存金额。由于零售企业库存商品是按售价反映的,因此,转销库存商品的金额同反映商品销售收入增加的金额是一致的。

【例题9·单选题】 某零售单位2×19年4月25日,销售食品含税售价共150元,该食品进价120元,进项税15.6元,则当日应结转的商品的销货成本是( )元。

A. 140.4　　B. 120　　C. 150　　D. 170.4

【答案】 C

【解析】 实行售价金额核算法的企业,商品销售后,平时在"主营业务收入"账户中反映含税的销售收入。零售企业在确认销售收入的同时,应按售价随时结转已销库存商品的成本,以注销库存商品,反映实物负责人所经管商品的实存金额。由于零售企业库存商品是按售价反映的,因此,转销库存商品的金额同反映商品销售收入增加的金额是一致的。

(2) 零售企业商品销售月末的账务处理。

月末,零售企业要作两笔调整账务处理:

销项税额的计算与商品销售收入的调整。将平时含税的销售收入分解为全月不含税的销售收入,并将其中的销项税额转入"应交税费——应交增值税(销项税额)"账户。销项税额计算公式为:

不含税销售额 = 含税销售额 ÷ (1 + 增值税税率)

销项税额 = 不含税销售额 × 增值税税率

= 含税销售额 ÷ (1 + 增值税税率) × 增值税税率

已销商品进销差价的计算与商品销售成本的调整。月末一次计算并分摊当月已销商品的进销差价,将已销商品按含税售价计算的销售成本还原为不含增值税的进价成本。由于平时的销售成本是按售价结转的,因此,当结转已销商品的销售成本时,理应同时转销已销商品的进销差价,从而求得商品销售成本。

【例题10·多选题】 下列属于售价金额核算法月末应作的账务处理的有( )。

A. 销项税额的计算　　B. 商品销售收入的调整

C. 已销商品进销差价的计算　　D. 商品销售成本

【答案】 ABCD

【解析】 在售价金额核算法下,零售行业"库存商品"日常以含税售价记账,同时日常销售业务"主营业务收入"和"主营业务成本"也是以零售价入账,所以月末需要计算销项税额并调整商品销售收入,计算已销商品进销差价并调整商品销售成本。

【例题11·单选题】 某零售店(小规模纳税人)2×15年2月含税销售额共9 270元,该零售店2×15年2月应确认的增值税是( )元。

A. 1 346.92　　B. 180　　C. 150　　D. 270

【答案】 D

【解析】 某零售店为小规模纳税人，在售价金额核算法下，商业企业月末需要将平时含税的销售收入分解为全月不含税的销售收入，并将其中的应纳税额转入"应交税费——应交增值税"账户。应纳税额计算公式为：

应纳税额 = 含税销售额 ÷ (1 + 征收率) × 征收率 = 9 270 ÷ (1 + 3%) × 3% = 270(元)

(3) 已销商品进销差价的计算。

已销商品进销差价的计算方法有综合差价率计算法，分类(组)差价率计算法和盘存差价率计算法三种。

① 综合差价率计算法。综合差价率计算法是根据企业经营的全部商品存、销比例，平均分摊进销差价的一种方法。其具体计算步骤是：

a. 计算综合平均差价率。用月末调整前"商品进销差价"账户的余额除以本月已销售的商品总额加"库存商品"账户月末余额之和，其计算公式为：

综合差价率(含税) = 月末调整前"商品进销差价"账户余额 ÷ (月末"库存商品"账户余额
+ 期末"受托代销商品"账户余额 + 本月"商品销售收入"账户贷方发生额) × 100%

b. 计算已销商品进销差价。用综合差价率乘本月已销售的商品总额，其计算公式为：

本期已销商品进销差价 = 本期商品销售收入 × 综合差价率

c. 根据计算出来的已销商品应分摊的进销差价作会计处理：

借：商品进销差价　　×××
　　贷：主营业务成本　　×××

② 分类(组)差价率计算法。分类(组)差价率计算法是根据企业的各类(组)商品存销比例，平均分摊进销差价的一种方法。计算方法与综合差价率计算法基本相同，只是计算的范围已缩小，各类(组)的差价率计算出来以后加以汇总，即形成企业全部商品的进销差价。

③ 盘存差价计算法。盘存差价计算法又称实际差价计算法，是通过实际盘点，求得已销商品进销差价的一种方法。其计算程序为：

a. 月末，通过库存商品实地盘点，得出各种商品实际盘存数量，分别乘以最后各种商品的原进价或最后进价，求得全部商品的进价总额；

b. 按零售价计算各种商品的售价总金额；

c. 用全部库存商品的售价减去全部商品的进价，得出库存商品的进销差价；

d. 用"商品进销差价"账户月末余额减去库存商品进销差价，得出已销商品进销差价。

其计算公式如下：

月末库存商品应保留的进销差价 = 月末库存商品售价总金额 − 月末库存商品进价总金额已销商品进销差价
= 月末调整前"商品进销差价"账户余额 − 月末库存商品应保留的进销差价

四、零售企业商品储存的核算

1. 库存商品调价的核算

商品调价是指零售企业根据市场供需情况或国家物价政策，对某些正常商品价格进行适当地调高或调低。实行售价金额核算法的零售企业，库存商品按售价金额核算，商品销售价格的变动会直接影响库存商品的金额。商品价格调高，库存商品账面价值增加，同时应确认商品进销差价。

对调高售价金额的库存商品，借记"库存商品"账户，贷记"商品进销差价"账户；在调低售价金额时，则借记"商品进销差价"账户，贷记"库存商品"账户。

【例题 12・判断题】 零售行业调高售价金额的库存商品，借记"库存商品"账户，贷记"商品进销差价"账户。

【答案】 对

2. 商品削价的核算

商品削价是对库存中呆滞、冷背、残损、变质的商品所做的降价处理。造成零售企业商品削价的原因有很多，如运输、保管过程中的管理不当，进货不对路，库存过多等。一旦发生商品残损变质等情况，就会影响商品内在与外观的质量。

商品削价后，如果可变现净值(即不含增值税的新售价减去预计销售费用后的金额)高于成本，则根据削价减值金额借记"商品进削差价"账户，贷记"库存商品"账户，以调整其账面价值。商品削价后，可变现净值低于成本时，除了根据削价减值金额借记"商品进销差价"账户，贷记"库存商品"账户，除调整其账面价值外，还应计提存货跌价准备。

【例题 13・单选题】 某商场服装组因季节交替，2×19 年 5 月 12 日有 50 件购入的女士大衣削价处理，该服装原售价 2 340 元，经批准削价为 1 130 元。原进价为 1 200 元，销售费用 1 元/件，增值税税率为 13%，则商场服装组商品削价应确认资产减值损失为(　　)元。

A. 200　　B. 180　　C. 170　　D. 250

【答案】 D

【解析】 削价后不含税售价＝1 130÷1.163＝1 000(元)

可变现净值＝1 000－50×1＝950(元)

可变现净值低于成本价格的差额＝1 200－950－250(元)

3. 库存商品内部调拨的核算

商品内部调拨是指零售企业在同一独立核算单位内部各实物小组之间调剂商品余额而进行的商品调拨。具体表现为各营业柜或门市部之间为了调剂商品余缺所发生的商品转移；或设有专职仓库保管员对库存商品单独进行核算和管理的企业，当营业柜组或门市部向仓库提取商品时，所发生的商品调拨转移。

4. 库存商品盘点溢余短缺的核算

零售商品在按售价金额核算的条件下，一般没有数量记载。通过对商品库存的盘点，使"库存商品"账户所反映的售价金额能够正确控制实存数量。零售商品在销售和储存过程中，由于商品性质不同以及经营管理方面等主客观因素，商品的实存数量与账面数量往往发生差异，出现溢余或短缺的情况。

(1) 库存商品盘点溢余的核算。商品盘点溢余是指商品盘存金额大于账面价值结存金额的差额。发生库存商品盘点溢余时，应记入"待处理财产损溢"账户，及时查明原因，报请管理层批准后做相应处理。对于商品盘点溢余，如果属于销售单位多发，则应作为商品补货做购进处理；如果属于储存过程中的自然升溢，则应冲减"管理费用"账户。

【例题 14・判断题】 零售行业储存环节盘点溢余，如果属于储存过程中的自然升溢，则应冲减"管理费用"账户。

【答案】 对

(2) 库存商品盘点短缺的核算。商品盘点短缺是指商品盘存金额小于账面结存金额的差额。造成短缺的原因也是多方面的。包括商品自然损耗,少收、多付的差错,以及贪污、盗窃等因素。在未查明原因以前,为使账货相符,先调整账面,按短缺商品售价记入"库存商品"账户,同时按上月末进销差价率计算短缺商品的进价和进项税额,以及进销差价金额,分别记入"应交税费——应交增值税(进项税额)""待处理财产损溢"和"商品进销差价"账户。待查明原因后,再从"待处理财产损溢"账户转入有关账户。

五、鲜活商品的核算

1. 鲜活商品购进的核算

经营鲜活商品的零售企业,主要是向批发企业购进商品,也可以直接向农村专业户采购商品。商品的交接方式,一般采用"提货制"或"送货制"。货款结算方式主要采用转账支票结算。

商品购进的业务程序一般是:由购货单位委派采购员到供货单位采购商品,由供货单位填制专用发票。在采用"提货制"的情况下,采购员取得专用发票后,当场据以验收商品。商品运回后,由实物负责人(或柜组)根据采购员带回的专用发票,对商品进行复验。在采用"送货制"的情况下,则由采购员取回专用发票,直接交与实物负责人(或柜组),由其负责验收。

2. 鲜活商品销售的核算

经营鲜活商品的零售企业,其销售方式主要是采用现金交易。当天营业结束后,由各营业部门根据实收销货款填制"商品销售收入缴款单"一式数联,连同当天的销货款一并送交财会部门。企业取得的销货款是含税销售额,其中包含了销项税额,因此,需要将含税销售额调整为不含税销售额。其计算公式如下:

$$不含税销售额 = 含税销售额 \div (1 + 增值税率或征收率)$$

然后,根据"商品销售收入缴款单"计算的结果,借记"库存现金"账户,贷记"主营业务收入"账户和"应交税费"账户;根据银行解款单回单,借记"银行存款"账户,贷记"库存现金"账户。

【例题 15 · 业务题】 2月15日,光华副食品商店财会部门收到各营业部门缴来销货现金及商品销售收入缴款单。其中,肉食品类为5 450元,水产类为7 630元,禽蛋类为6 540元,增值税税率为10%,确认当日的销售收入。

【答案】

$$肉食品类商品销售额 = 5\,450 \div (1+9\%) = 5\,000(元)$$
$$水产类商品销售额 = 7\,630 \div (1+9\%) = 7\,000(元)$$
$$禽蛋类商品销售额 = 6\,540 \div (1+9\%) = 6\,000(元)$$

根据计算的结果,编制会计分录如下:

借:库存现金	19 620	
贷:主营业务收入——肉食品类		5 000
——水产类		7 000
——禽蛋类		6 000
应交税费——应交增值税(销项税额)		1 620

将上述现金全部解存银行，取得解款单回单，编制会计分录如下：

借：银行存款　　19 620
　贷：库存现金　　19 620

3. 鲜活商品储存的核算

鲜活商品在储存过程中发生损耗、调价、削价等情况，不进行账务处理，月末体现在商品销售成本内。但发生责任事故时，应及时查明原因，以分清责任，在报经领导批准后，根据不同情况，若作为企业损失时，应列入“营业外支出”账户；若由当事人承担经济责任时，则列入“其他应收款”账户。

期末，由各营业部门对实存商品进行盘点，将盘存商品的数量填入“商品盘存表”，以最后一次进货单价作为期末库存商品的单价，计算出各种商品的结存金额，进而计算出期末库存商品结存金额，然后采取倒挤的方法计算商品销售成本。其计算公式如下：

本期商品销售成本＝期初结存商品金额＋本期收入商品金额
－本期非销售发出商品金额－期末结存商品金额

六、电商企业销售业务的核算

（一）电商企业销售收入的类型

根据商品流通电商企业销售商品的交付方式不同，其商品销售可以分为电商直销、委托代销两种情况，如表 5-2 所示。

表 5-2　电商企业销售业务类型

有形商品直销	先付款后发货，无第三方担保
	先发货后收款，无第三方担保
	第三方担保支付
有形商品委托代销	支付手续费方式委托代销
	视同买断方式的委托代销

（二）电商企业一般销售业务的核算

1. 先付款，后发货，无第三方担保

在先付款后发货的销售方式下，买方收货时表明与商品所有权有关的风险和报酬已经转移。因此，电商企业一般在买方收货时确认收入。

（1）正常交易，如图 5-6 所示。

（2）买方拒收重新发货的交易。电商企业应首先将退回的货物由发出商品转回库存商品，借记“库存商品”账户，贷记“发出商品”账户；然后重新发货，借记“发出商品”账户，贷记“库存商品”账户，同时再次支付物流公司物流费用，借记“销售费用”账户，贷记“库存现金”等账户。其他环节的会计处理与正常交易情况下会计处理一致。

（3）买方拒收并取消交易，如图 5-7 所示。

（4）买方付款后即反悔，取消交易，如图 5-8 所示。

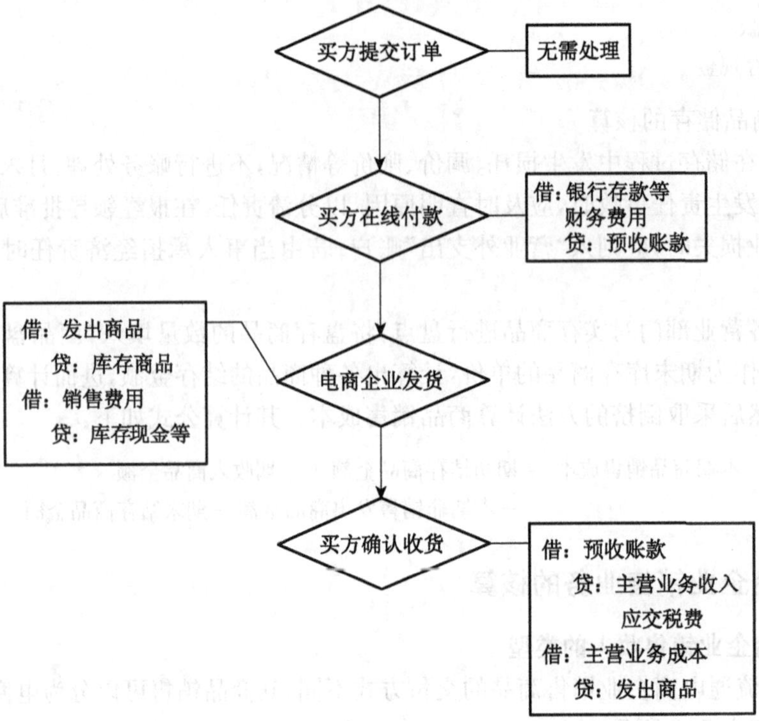

图 5-6 先付款后发货正常交易下的会计处理

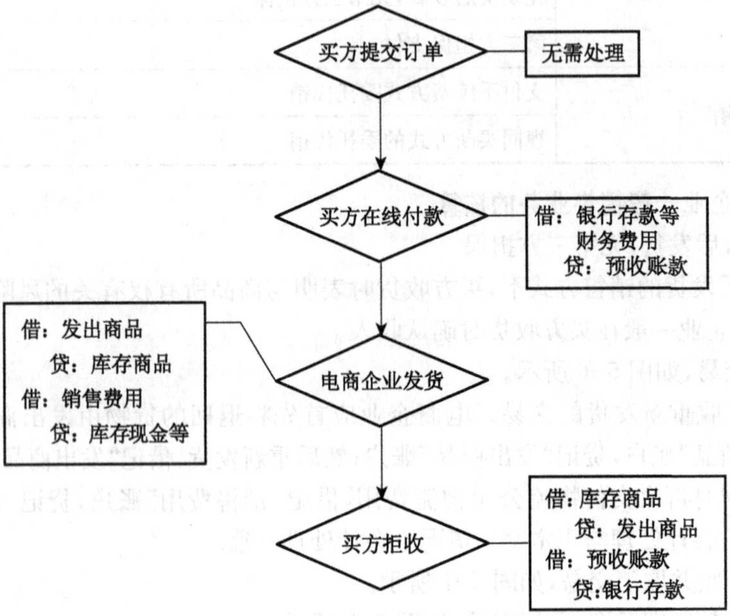

图 5-7 先付款后发货买方拒收并取消交易的会计处理

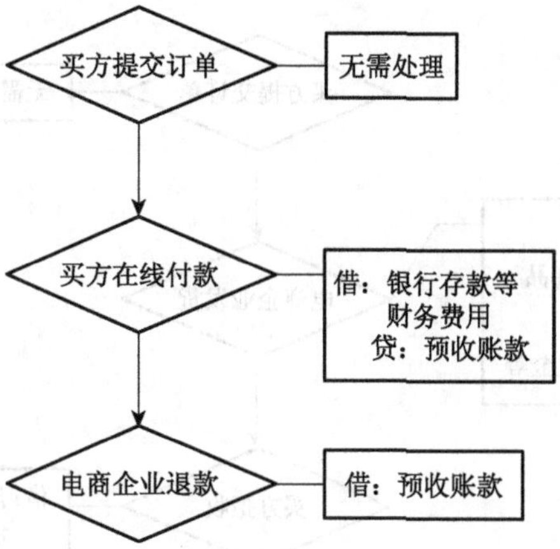

图 5-8 先付款后发货买方付款后即反悔取消交易的会计处理

2. 先发货，后付款，无第三方担保

在先发货后付款的销售方式下，当物流公司收到买方付款并把相应款项提交给电商企业时，与商品所有权有关的风险和报酬才转移。因此，电商企业一般在收到货款时确认收入。

(1) 正常交易，如图 5-9 所示。

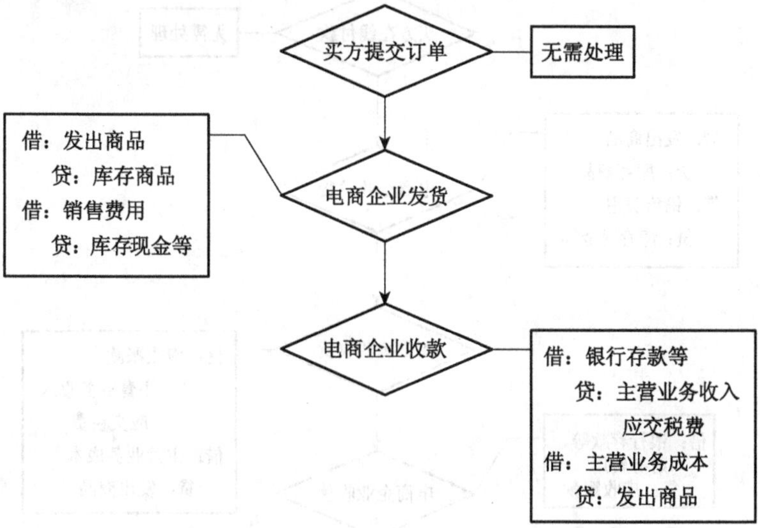

图 5-9 先发货后付款正常交易的会计处理

(2) 买方拒收重新发货的交易。电商企业应首先将退回的货物由发出商品转回库存商品，借记“库存商品”账户，贷记“发出商品”账户；然后重新发货，借记“发出商品”账户，贷记“库存商品”账户，同时再次支付物流公司物流费用，借记“销售费用”账户，贷记“库存现金”等账户。其他环节的会计处理与正常交易情况下会计处理一致。

(3) 买方拒收并取消交易，如图 5-10 所示。

3. 有第三方担保支付

(1) 正常交易，如图 5-11 所示。

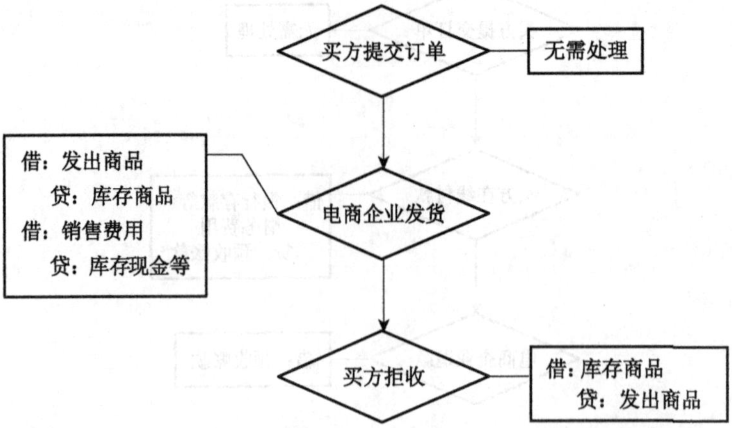

图 5-10　先发货后付款买方拒收并取消交易的会计处理

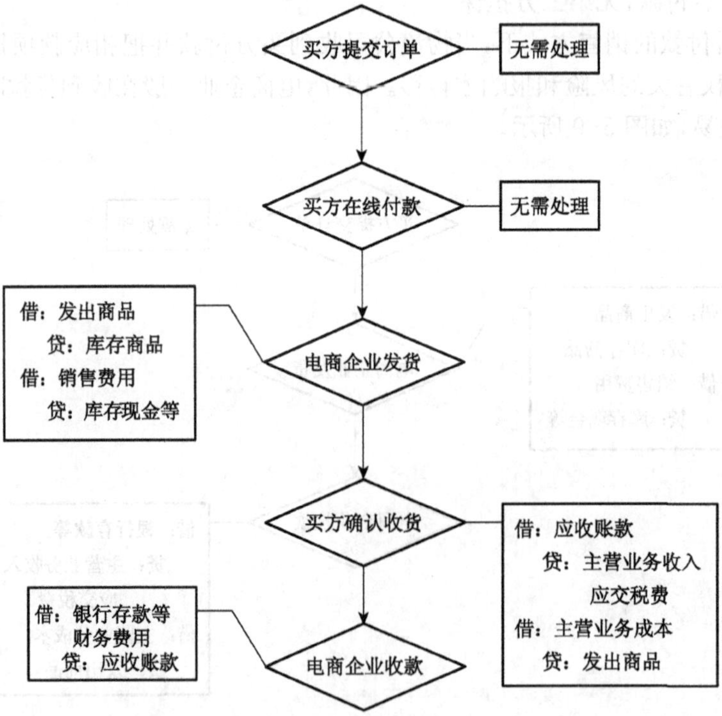

图 5-11　有第三方担保支付正常交易下的会计处理

(2) 买方拒收重新发货的交易。电商企业应首先将退回的货物由发出商品转回库存商品，借记"库存商品"账户，贷记"发出商品"账户；然后重新发货，借记"发出商品"账户，贷记"库存商品"账户，同时再次支付物流公司物流费用，借记"销售费用"账户，贷记"库存现金"等账户。其他环节的会计处理与正常交易情况下会计处理一致。

(3) 买方拒收并取消交易，如图 5-12 所示。

(4) 买方付款后即反悔，取消交易，如图 5-13 所示。

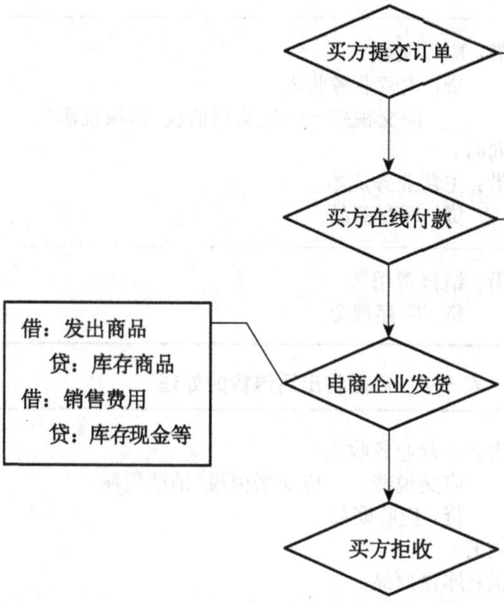

图 5-12　有第三方担保支付买方拒收并取消交易的会计处理

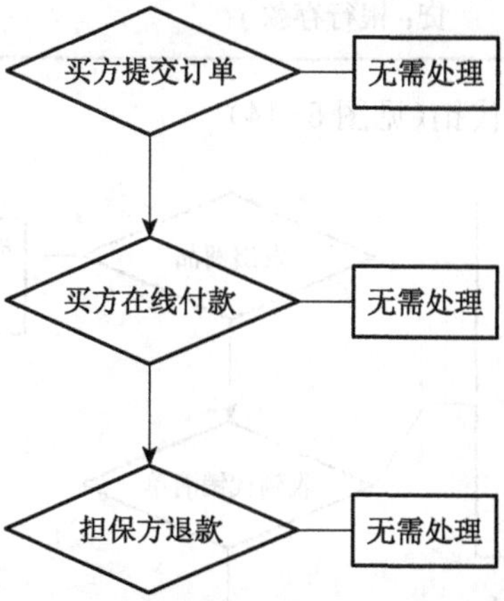

图 5-13　有第三方担保支付买方付款后反悔取消交易的会计处理

4. 商品售出后换货、退货的会计处理(见表 5-3、表 5-4)

表 5-3　商品售出后换货的处理

收到货物时冲减收入与成本	借：主营业务收入 　　应交税费——应交增值税(销项税额) 　　贷：应收账款 同时， 借：库存商品 　　贷：主营业务成本

（续表）

重新发货后，确认收入与成本	借：应收账款 　　贷：主营业务收入 　　　　应交税费——应交增值税（销项税额） 同时， 借：主营业务成本 　　贷：库存商品
发生物流费用	借：销售费用 　　贷：库存现金

表 5-4　商品售出后退货的处理

①收到货物时冲减收入与成本	借：主营业务收入 　　应交税费——应交增值税（销项税额） 　　贷：应收账款 同时， 借：库存商品 　　贷：主营业务成本
②退款	借：应收账款 　　贷：银行存款

5. 支付手续费方式的委托代销（见图 5-14）

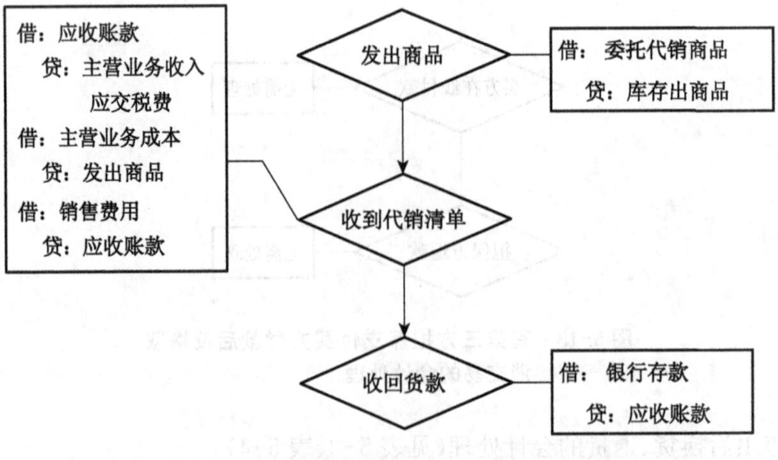

图 5-14　支付手续费方式委托代销的会计处理

（三）电商企业特殊销售业务的核算（见表 5-5）

表 5-5　电商企业特殊销售业务

形式	处 理 方 式
存在商业折扣的交易方式	按扣除优惠后的价格确认销售收入
电商企业包邮的交易方式	运费由商品货款加以弥补

（续表）

形式	处 理 方 式
搭配、组合销售的交易方式	将商品总价按照两种商品各自单价比例进行分摊，分别确认两种商品的销售收入
附有“好评返现”的交易方式	返现金额作为销售费用
分期收款的交易方式	按照合同约定的收款日期确认销售收入

思考与练习

一、单项选择题

1. 为了适应零售企业的经营特点，有利于其开展商品经营业务，并简化记账工作，零售企业适宜采用（　　）。

A. 数量进价金额核算法　　B. 进价金额核算法

C. 数量售价金额核算法　　D. 售价金额核算法

2. 采用售价金额核算法的企业在商品销售的同时，库存商品将售价金额转入“主营业务成本”账户是为了（　　）。

A. 及时反映各营业柜组经营商品的库存额

B. 简化核算工作

C. 及时反映各营业柜组的经济责任

D. 月末计算和结转已销商品进销差价

3. 在售价金额核算法下，以不含税进价核算的账户有（　　）。

A. “在途物资”　　B. “库存商品”

C. “主营业务收入”　　D. “商品进销差价”

4. 假设已销商品进销差价计算偏低，则会出现的情况有（　　）。

A. 期末库存商品价值偏高，毛利也偏高

B. 期末库存商品价值偏低，毛利也偏低

C. 期末库存商品价值偏高，毛利则偏低

D. 期末库存商品价值偏低，毛利则偏高

5. 为了简化核算，零售企业平时在门市销售业务的账务处理中，按（　　）确认商品销售收入，结转商品销售成本。

A. 不含税进价　　B. 含税进价

C. 不含税售价　　D. 含税售价

6. 在售价金额核算法下，商品流通企业“库存商品”明细账的分户标志是（　　）。

A. 商品大类　　B. 营业柜组

C. 商品品名　　D. 商品品名及规格

7. 平时采用分类（组）差价率计算法，年终采用实际差价率计算法计算已销商品进销差价，那么12月份结转的已销商品进销差价是（　　）。

A. 12月份的已销商品进销差价

B. 12月份的已销商品进销差价及对前11个月已销商品进销差价偏差的调整

C. 对前11个月已销商品进销差价偏差的调整

D. 12月已销商品进销差价偏差的调整

8. 零售企业向购买者销售商品并收取销项税额时，平时应将发生的销项税额记入（　　）账户核算。

A. “预收账款”　　B. “主营业务收入”

C. “应交税费”　　D. “主营业务成本”

9. 综合差价率计算法与分类（组）差价率计算法的主要区别在于，计算差价的（　　）不同。

A. 原理　　B. 范围　　C. 精确度　　D. 时间

10. 经营鲜活商品的企业，对库存商品核算采用的是（　　）。

A. 数量售价金额核算法　　B. 售价金额核算法

C. 数量进价金额核算法　　D. 进价金额核算法

二、多项选择题

1. 零售企业销售商品有（　　）两种方式。

A. 直接收款　　B. 分散收款　　C. 集中收款　　D. 统一收款

2. 在售价金额核算法下，已销商品的进销差价计算方法有（　　）。

A. 综合差价率计算法　　B. 分类（组）差价率计算法

C. 全月一次加权平均计算法　　D. 实际进销差价率计算法

3. 采用售价金额核算法，月末需要调整的账户有（　　）。

A. “库存商品”　　B. “商品进销差价”

C. “主营业务收入”　　D. “主营业务成本”

4. 零售企业财务部门处理每日销货业务账户的直接依据有（　　）。

A. 商品进销存日报表　　B. 内部缴款单

C. 银行进账单收账通知　　D. 出库单

5. 采用综合差价率推算法计算已销商品进销差价需要根据期末（　　）等账户的金额来计算。

A. “库存商品”　　B. “商品进销差价”

C. “主营业务收入”　　D. “主营业务成本”

6. 借记“商品进销差价”账户，贷记“库存商品”账户的会计分录反映的经济业务有（　　）。

A. 购进商品退回　　B. 商品调价

C. 商品削价　　D. 商品内部调拨

7. 用实际进销差价率计算法计算已销商品进销差价需要根据期末的“商品进销差价”账户余额、库存商品售价总金额及（　　）等资料。

A. “主营业务收入”账户余额　　B. 受托代销商品进价总金额

C. 库存商品进价金额　　D. 受托代销商品售价总金额

8. 鲜活商品具有(　　)特点。

A. 经常会发生质量等级的变化　　B. 商品交易频繁

C. 数量零星　　D. 商品易变质

9. 鲜活商品在储存过程中发生(　　)情况，一般不进行账务处理，月末体现在销售成本内。

A. 损耗　　B. 调价　　C. 削价　　D. 内部调拨

10. 零售企业通过库存商品盘点，可以揭示出库存商品结构方面存在的问题，包括(　　)。

A. 商品结构数量是否合理　　B. 商品的溢余和短缺情况

C. 有无残损、变质、积压和脱销　　D. 品种是否齐全、适销程度如何

三、判断题

1. 采用售价金额核算法的企业购进商品发生短缺或溢余时，应按商品的售价记入“待处理财产损溢”账户。　　(　　)

2. 采用售价金额核算法的企业，由于库存商品按售价记账，因此视同买断方式的受代销商品也应按售价记账。　　(　　)

3. 在售价金额核算法下，各营业柜组对购进的各种商品要认真验收，不仅要验收数量、质量，而且要核对价格、金额是否相符，设置价格标签。　　(　　)

4. 采用集中收款方式难以分清销货现金的短溢和商品的短溢。　　(　　)

5. 由于零售企业平时“主营业务收入”账户是按含税售价核算的，因此期末结转该账户到“本年利润”时也应按含税售价。　　(　　)

6. 平时将已售商品按售价转入“主营业务成本”账户，月末再将其调整为成本价，这是售价金额核算企业商品销售核算的特点。　　(　　)

7. 计算和结转已销商品进销差价的目的是为了调节商品销售成本。　　(　　)

8. 实物负责小组为了掌握本部门商品进销存的动态和销售计划完成情况，便于向财务部门报账，要编制“商品进销日报表”。　　(　　)

9. 年终，企业可以根据具体情况采用分类(组)差价率计算法或实际进销差价率计算法计算已销商品进销差价。　　(　　)

10. 鲜活商品经营企业实行进价金额核算法，对购进鲜活商品按商品进价入账。　　(　　)

四、计算及账务处理题

1. 资料：华琴商厦4月份发生下列经济业务。

(1) 5日，收到业务部门转来本市鲁美服装厂的增值税专用发票，购进女式连衣裙100件，单价200元/件，计货款20 000元，增值税额2 600元，经审核无误，当即签发转账支票付讫。当天收到服装组转来的收货单，上述女式连衣裙如数验收入库，每件零售价300元。

(2) 8日，收到银行转来即发服装厂的托收凭证，附来增值税专用发票，发票列明短裙150件，单价160元/件，货款24 000元，增值税额3 120元，收到专用发票，运费价款800元，税款88元，收到增值税专用发票，经审核无误，当即承付货款。

(3) 12日，向静华皮包厂购进牛皮皮包50个，每个200元，合同规定先预付30%货款，余

款于收到商品时，财务部门开具转账支票付清。

(4) 15 日，收到服装组转来收货单，8 日购进的短裙 150 件已如数验收入库，该短裙每件零售价 200 元。

(5) 22 日，向蕴香食品厂购进桂花糕 300 盒，食品组根据随货通行的发票单验收入库，每盒进价 20 元，零售价每盒 30 元。结算单据未到。

(6) 31 日，结算单据仍然未到，财会部门根据食品组转来的收货单等凭证暂估入账。

(7) 5 月 1 日，冲销上月暂估入账业务。

要求：根据上述经济业务，编制相应会计分录。

2. 北京润泽超市是增值税一般纳税人，2019 年 10 月份从外地购进一批农副产品 600 千克，进价 60 000 元，进项税额 7 800 元，此批商品未来销售不含税售价为 72 000 元，款项以银行承兑汇票结算。商品运达，组织仓储部门验收入库，发现商品短缺 30 千克，原因待查。查明原因后发现短缺部分有 10 千克属供货方少发，经联系同意补货；另外 20 千克属运输途中的合理损耗，经研究同意作为当期相关营业费用处理。当月 21 日购进的农产品全部销售，并且此类产品期初无库存。(零售行业月末确认增值税并转出已售商品进销差价)

要求：根据上述经济业务，编制相应会计分录。

3. 某商店 2019 年 4 月份发生部分购销业务如下(下列各题的零售价含税，购进价另计增值税)。

(1) 本月向甲批发公司购进百货商品，进价 215 000 元，零售价 299 170 元，向乙批发公司购进服装一批，进价 168 000 元，零售价 218 040 元，皆以银行存款支付，商品由各营业组验收入库。

(2) 百货组商品削价，搪瓷烧锅 64 只，原零售价 8.60 元，调整为 6.40 元；搪瓷面盆 88 只，原零售价为 6.4 元，调整为 4.5 元，予以调整库存商品的账面价值。

(3) 归还上月应付甲批发公司货款 13 600 元，归还应付乙批发公司货款2 630 元。

(4) 本月百货组销货收入 140 400 元，其中现金收入 136 400 元，应收账款(丙工厂)4 000 元，服装组销货收入现金 115 830 元，同时结转商品成本。

(5) 本月购进商品不合质量要求，经有关部门同意，作进货退出处理。计百货组向甲批发公司购进的商品 520 元(零售价 684 元)；服装组向乙批发公司购入的商品 336 元(零售价 476 元)，款项已收，存入银行。

(6) 月末，根据本月商品销售收入(含税)，计算已销商品的销项税额。

要求：根据上述经济业务，编制相应会计分录。

4. 鲜达零售超市 2019 年 7 月发生以下经济业务，增值税税率为 9%。

(1) 12 日，从利华公司购入羊肉 500 千克，单价 30 元/千克，牛肉 700 千克，单价 35 元/千克，签发现金支票，商品由食品组柜组验收完毕。

(2) 15 日，收购免税火龙果 100 千克，单价 20 元/千克，收到火龙果收购发票款项 2 000 元，以现金支付，商品由水果组验收入库。

(3) 21 日，收到各柜组上交的当日销货现金和商品销售收入缴款单。其中，食品组 3 744 元，水果组 1 521 元，将其现金全部解存银行，取得解款单回单。

(4) 31 日，汇总各柜组交来的银行缴款回单，累计当月各柜组总收入：食品组 81 900 元，水果组 4 680 元。

(5) 31 日，对各柜组 1～31 日的累计总结算收入进行价税分离，确认当期应交增值税。

(6) 31 日，对各柜组商品进行盘点。食品组期初结存 23 000 元，本期进货总额 15 900 元，期末盘点余额 12 300 元。水果组期初结存 3 000 元，本期进货总额5 900元，期末盘点余额 2 300 元。月末用倒挤法计算并结转商品销售成本。

要求：根据上述经济业务，编制相应会计分录。

第六章　包装物、低值易耗品和原材料

本章基本内容框架

- 包装物
  - 包装物增加
    - 单独购进
    - 随货购进
  - 包装物减少
    - 领用
    - 出售
    - 摊销
    - 修理和废弃
    - 租入、出租、出借
    - 清查
- 低值易耗品
  - 购入
  - 领用、摊销
  - 修理、报废
  - 出售
  - 清查
- 原材料
  - 购入
  - 领用
  - 出售
  - 清查

重点、难点讲解及典型例题

一、包装物

(一) 包装物的含义及种类

商品流通企业的包装物是组织商品流通过程中用于盛装和包扎商品的物资。

包装物按其储存保管地点可以分为库存包装物和使用中的包装物，其中库存包装物又可分为库存已用包装物和库存未用包装物两种。包装物按其具体用途可以分为四类，具体包括：

(1) 专为储存商品用的容器，如油柜、糖柜、酒坛、油罐等，应按价值大小与使用年限长短，分别以固定资产或低值易耗品核算；生产中用于包装产品作为产品组成部分的包装物。

(2) 使用一次就消耗掉的包装物品，如纸袋、纸盒、纸绳、铁丝、铁皮、塑料袋等，购进时作为原材料核算，使用时列入费用开支。

(3) 作为商品经营而购进的包装物，包括回收企业收进的包装物应在“库存商品”账户核算。

(4) 随商品流通多次周转使用的自有包装物，只有此类包装物才属于“包装物”账户核算的范围。包括用于包装物商品，作为商品组成部分的包装物；随同商品出售而不单独计价的包装物；随同商品出售而单独计价的包装物；出租和出借给购买单位使用的包装物。

【例题 1 · 多项选择题】 以下可以记入“包装物”账户核算的有( )。

A. 随同商品一块销售不单独计价的包装袋

B. 用于储存和保管商品而不对外销售的包装物

C. 随同商品一块销售单独计价的包装袋

D. 超市里单独计价的包装袋

【答案】 AC

【解析】 选项 BD 都不属于“包装物”的核算范围，所以 AC 选项正确。

(二) 包装物的核算

1. 包装物增加的账务处理

包装物的增加主要是包装物购进的结果。包装物购进分为单独购进和随商品一起购进两种。

(1) 单独购进。单独购进的包装物应按包装物的进价和购进运费等相关费用的实际成本入账。如支付的运杂费数额较小，又不易划分品种的，也可在“销售费用——包装费”账户核算。

(2) 随货购进。随货购进分为单独计价和不单独计价两种。

随货购进单独计价的包装物，一般是批发商品随货购进又随货售出，货款与包装物价款分别进行核算，其运费可全部列入“销售费用——运杂费”账户。

随货购进不单独计价的包装物，一般是零售商品，随商品购进，不随商品售出。商品售出后，包装物腾空时可作为包装物使用的，应估价记入“包装物”账户；不能作为包装物使用的，估价记入“原材料”账户，既不能作为包装物使用，又不能作为原材料的，可在备查簿中登记，待出售后再行处理。凡估价入账的皆作为“营业外收入”处理。

2. 包装物减少的账务处理

(1) 包装物领用。企业业务部门需要领用包装物，需填列“包装物领用单”以备物资保管部门凭以发出，财会部门凭以转账。如属领用可供多次周转使用的包装物，可不作账务处理。

(2) 包装物出售。包装物出售可分为单独出售和随货出售两种情况。

单独出售。商品流通企业的包装物一般自用，不对外单独出售。如有多余或不需用时，也可出售。包装物单独出售时，可将收入价款直接冲减记入“包装物”账户。如发生售价与账面价值不一致时，可将其差额列入“其他业务收入”和“其他业务成本”账户处理。如出售的为旧包装物，可视同包装物的摊销，将其摊销额与实际售价的差额列入或冲减“销售费用——包装费”处理。

随货出售。随货出售包装物，又可分为单独计价和不单独计价两种。

随货出售单独计价的包装物，在出售时，应在发货票上分别列出商品和包装物的售价，同时计算应缴纳的增值税，其核算与包装物单独出售相同。

随货出售不单独计价的包装物，在出售时如属购进时是单独计价的，以“销售费用——包装费”列支，如属购进时不单独计价的，则不需要进行单独核算。

【例题 2·单项选择题】 随同商品出售不单独计价的包装物成本，记入(　　)账户。

A. “销售费用”　　B. “其他业务成本”

C. “营业外成本”　　D. “管理费用”

【答案】 A

【解析】 随同商品出售不单独计价的包装物成本，记入“销售费用”科目。

(3) 包装物摊销。包装物在周转使用过程中，因不断磨损或自然损耗而减少的一部分价值，应计入企业费用，计入费用的这部分包装物价值，即包装物摊销。摊销时可直接减少“包装物”账面价值，增加“销售费用”。

由于包装物种类繁多，数量大，使用情况复杂，要逐一计算摊销额，有一定困难。因此本着准确、简化的原则，一般采用下列几种方法计算包装物的摊销额。

① 分次摊销法。分次摊销法是根据包装物的使用情况，考虑其残值及预计使用期限或次数，计算摊销额的一种方法。其计算公式为：

某种包装物每月(次)摊销额＝(该种包装物原值—预计残值)÷预计使用月(次)数

对于包装物种类繁多，数量较大，周转频繁的企业，为简化手续，可根据历年资料确定一个综合摊销率，与上月月末包装物的账面数相乘，计算当月包装物的摊销额。其计算公式为：

$$\text{包装物月综合摊销率}=\sum\text{各种包装物月摊销额}\div\sum\text{各种包装物原值}\times 100\%$$

② 降等摊销法。降等摊销法是在包装物定期盘点时，按其统一规定等级标准，结合磨损程度重新确定等级，将新等级金额与账面原金额的差额作为包装物摊销额的一种方法。

降等摊销法计算简便，也较正确，但如果品种较多，则计算工作量较大。适用于品种不多，单位价值较高，使用时间较长且等级界限较为明确的包装物。

③ 盘存估价摊销法。盘存估价摊销法是结合包装物定期盘点，按包装物的磨损程度，重新作价，以新估价值与账面价值的差额作为本期包装物的摊销额的一种方法，与降等摊销法类似。这种方法虽手续较为简便，但盘点、估价的工作量较大，一般适用于包装物品种、数量不多的企业。

④ 一次转销法。一次转销法是在领用包装物时，将其全部价值一次计入费用的方法，即借记“销售费用——包装费”科目，贷记“包装物”科目。这种方法手续简便，但费用负担不均衡，一般适用于包装物使用时间短、领用数量不多、价值又较低的品种。

【例题 3·单项选择题】 以下属于手续相对简便但费用不均衡的包装物摊销方式的是(　　)。

A. 一次转销法　　B. 分次摊销法

C. 盘存估价摊销法　　D. 降等摊销法

【答案】 A

【解析】 一次转销法是在领用包装物时，将其全部价值一次计入费用的方法，即借记“销售费用——包装费”科目，贷记“包装物”科目。这种方法手续简便，但费用负担不均衡，一般适用于包装物使用时间短、领用数量不多、价值又较低的品种。所以 A 选项正确。

(4) 包装物修理与废弃。

① 包装物修理。包装物在使用过程中，由于磨损而影响其使用效能，为了节约开支，延长

包装物的使用寿命，对于能修理的包装物，应做好修旧利废工作。修理包装物所发生的费用，皆记入“销售费用——包装费”账户。

② 包装物废弃。对于不能修复继续使用的包装物，应由有关部门按规定办理报废手续，经批准后，财务部门将报废的包装物按其账面净值转入“销售费用——包装费”账户处理。对于废弃包装物残料的变价收入，大于账面净值的，冲减“销售费用——包装费”账户数额，小于账面净值的则增加“销售费用——包装费”账户数额。

如果包装物残料暂不处理，报废时，应先按账面净值全数转入“销售费用——包装费”账户，待处理后再冲减“销售费用——包装费”账户数额。

(5) 包装物的清查。商品流通企业包装物品种繁多，为加强管理，应设置包装物的总分类账和分品种、规格的明细分类账，采用数量、进价金额进行明细核算。实物保管部门要设置数量保管账，定期盘点，并与财会部门进行核对，以保证账账、账实相符。

在盘点过程中，对于包装物的盘盈、盘亏，要及时调整账目，先转入“待处理财产损溢——待处理流动资产损溢”账户，然后查明原因，报经批准后分别不同情况进行处理。处理方法与商品溢缺处理方法基本相同。

(6) 包装物的租入、出租和出借。商品流通企业与其他单位因业务需要可以互相租用或借用包装物。租用或借入时一般要向承租单位收取一定押金，归还时要退还押金，并收取一定租金。

① 包装物租入。企业向其他单位租入或借入包装物时，因所有权不属于企业，故应在备查账中按租入或借入包装物的品名、数量进行登记，归还时应予注销。所支付的押金在“其他应收款——存出保证金”账户核算，支付的租金在“销售费用——包装费”账户核算。

② 包装物出租。包装物出租业务，可在“包装物”账户下设置“库存未用包装物”和“库存已用包装物”两个明细账户。该业务属于商品经营以外的其他业务。应通过“其他业务收入”和“其他业务成本”账户核算。出租包装物若价值比较小，则在第一次出租时结转成本，借记“其他业务成本——出租包装物”账户，贷记“包装物——库存未用包装物”账户。包装物出租所收取的租金记入“其他业务收入”账户。出租包装物按期收回时，如仍能继续使用，应转回“包装物——库存未用包装物”账户，若收回的包装物不能继续使用，则办理报废手续，在“其他业务成本”账户核算，同时将包装物残料价值记入“原材料”账户。

③ 包装物出借。包装物出借的核算与包装物出租基本相同，所不同的是要将“出租包装物”明细账户改为“出借包装物”账户进行核算。另外，企业出借的包装物，不属于其他业务性质，一般不向借用单位收取费用。在借用期间的包装物损耗及修理费，都记入企业“销售费用——出借包装物”账户，不作为其他业务成本。

出借包装物时，借记“销售费用”账户，贷记“包装物”账户。

收到押金时，借记“库存现金”或“银行存款”账户，贷记“其他应付款”账户。

出租包装物报废时，借记“原材料(残余价值)”账户，贷记“销售费用”账户。

对于出租、出借包装物频繁、数量多、金额大的企业，出租出借包装物的成本，也可以采用五五摊销法、净值摊销法等方法计算出租、出借包装物的摊销价值，在这种情况下，“包装物”账户应设置“库存未用包装物”“库存已用包装物”“出租包装物”“出借包装物”和“包装物摊销”五个明细账户。

【例题 4 · 单项选择题】 企业出借包装物的成本，记入(　　)账户。

A. “销售费用”　　B. “其他业务成本”
C. “营业外支出”　　D. “管理费用”

【答案】 A

【解析】 企业出借周转材料的成本记入“销售费用”账户。

二、低值易耗品

（一）低值易耗品的含义

低值易耗品是指劳动资料中单位价值在10元以上、2 000元以下，或者使用年限在1年以内，不能作为固定资产的劳动资料。

【例题5·单项选择题】 会计核算中将劳动资料划分为固定资产和低值易耗品，是基于(　　)会计信息质量要求。

A. 谨慎性　　B. 重要性　　C. 可比性　　D. 及时性

【答案】 B

【解析】 低值易耗品是指劳动资料中单位价值在10元以上、2 000元以下，或者使用年限在1年以内的劳动资料，而固定资产正好相反。

（二）低值易耗品的分类

低值易耗品按其用途一般可以分成以下几类：

(1) 一般工具是指直接用于生产过程的各种工具，如刀具、夹具、模具及其他各种辅助工具。

(2) 专用工具是指专门用于生产各种产品或仅在某道工序中使用的各种工具，如专门模具、专用夹具等。

(3) 包装容器是指用于企业内部周转使用，既不出租、也不出借的各种包装物品，如盛放材料、储存商品的木桶、瓷缸等。

(4) 劳动保护用品是指发给工人用于劳动保护的安全帽、工作服和各种防护用品。

(5) 管理用具是指管理部门和管理人员用的各种家具和办公用品，如文件柜、打字机等。

(6) 其他低值易耗品是指不属于以上各类的低值易耗品。

【例题6·单项选择题】 下列应记入“低值易耗品”账户的是(　　)。

A. 随同商品一块销售不单独计价的包装袋

B. 用于储存和保管商品而不对外销售的包装物

C. 随同商品一块销售单独计价的包装袋

D. 超市里单独计价的超市购物袋

【答案】 B

【解析】 选项AC应当记入“包装物”，D选项应记入“库存商品”账户。所以，B选项正确。

（三）低值易耗品的核算

1. 低值易耗品购入的账务处理

低值易耗品购入的账务处理与包装物一样，按其实际成本入账。购进过程中发生的运杂费、包装费等，应计入低值易耗品的实际购进成本。如果企业购进多种低值易耗品而支付的共同性费用数额又较小，且不易按品种划分，则可以在“管理费用”账户中列支。

2. 低值易耗品领用的账务处理

企业内部领用低值易耗品，低值易耗品的总数没有发生变化，在会计核算上只需进行明细核算，即在使用领用时，由“低值易耗品——在库”账户转至“低值易耗品——在用”账户。

3. 低值易耗品摊销的账务处理

低值易耗品领用后，在使用过程中不断发生损耗，这部分磨损的价值，要列入企业费用即摊销额。因此，在领用低值易耗品的同时，就将其损耗的一部分价值摊入费用。低值易耗品的摊销方法，应按不同低值易耗品的价值大小，使用期限长短，分别确定。目前商品流通企业采用的摊销方法一般有一次转销法、分次摊销法。

（1）一次转销法。一次摊销法是指在低值易耗品领用时，将其全部价值一次转入“管理费用——低值易耗品摊销”账户的摊销方法。这种摊销方法，手续简便，但一次转入费用，与实际损耗情况不符，不利于管理。因此，适用于价值较低、使用期短、一次领用数量不多的物品。

（2）分次摊销法。分次摊销法是指在低值易耗品领用时，按预计的使用时间，分次将平均价值摊入费用的摊销方法。这种摊销方法，费用负担比较均衡，适宜于单位价值较高、使用期限较长的物品。采用这种方法，在核算上，对价值大、待摊时间超过 1 年的低值易耗品，领用时将低值易耗品的实际成本全部转入“长期待摊费用”账户，以后分期从该账户转入“管理费用——低值易耗品摊销”账户。

【例题 7 · 单项选择题】 某商品流通企业的低值易耗品摊销采用一次转销法，若本月购入 800 元文件架，则其摊销时应借记（　　）账户。

A. “长期待摊费用”　　　　B. “采购成本”

C. “管理费用”　　　　　　D. “营业外支出”

【答案】 C

【解析】 一次转销法是指在低值易耗品领用时，将其全部价值一次转入“管理费用——低值易耗品摊销”账户的摊销方法。

4. 低值易耗品修理的账务处理

低值易耗品在使用过程中会发生损坏，为了延长其寿命，充分发挥其使用效能，必须做好在用低值易耗品的日常维修工作。所发生的修理费用，在“管理费用——修理费”账户列支。

5. 低值易耗品报废的账务处理

对于不能继续使用的低值易耗品，应填制“低值易耗品报废单”办理报废手续。报废时应按不同的摊销方法进行账务处理。

（1）一次转销法。将报废的残料价值作为低值易耗品摊销的减少，冲减管理费用。

（2）分次摊销法。将摊余价值扣除残料的数额，作为报废低值易耗品的摊销额。

6. 低值易耗品出售的账务处理

企业有多余或不需用的低值易耗品，可以出售给其他单位，按质论价进行结算。新的低值易耗品出售，可直接减少“低值易耗品——在库”账户数额；如果属于在用的，要减少“低值易耗品——在用”账户及摊销明细账户的数额。如果出售的价格大于或小于账面摊余价值，其差额应调整低值易耗品的摊销额，或增加“管理费用——低值易耗品摊销”账户数额。

7. 低值易耗品清查的账务处理

低值易耗品在清查盘点中的盘盈和盘亏要及时调整账面数字，转入“待处理财产损溢——待处理流动资产损溢”账户，查明原因，经批准后，分别情况，予以转账。属于溢余的，作为企业收益，冲减“管理费用”账户；属于短缺责任事故，由责任人赔偿，以“其他应收款”处理；属于原因不明造成的，作为企业损失，以增加“管理费用”处理。

三、原材料

（一）原材料的含义

原材料是指用于业务经营、设备维修、劳动保护、办公、生活等方面的材料、物品、燃料、饲料、药剂等。

（二）原材料的核算

1. 原材料购入的账务处理

企业购进的原材料，应按实际成本入账。原材料的实际成本包括进价、购进原材料时的运杂费等。如果购进多种原材料所发生的运杂费，数额较小且又不易划分品种的，也可直接作为费用开支。

2. 原材料领用的账务处理

企业内部有关部门领用原材料，应填制一式数联“原材料领用单”，其中一联交原材料保管部门据以减少结存数量；一联交财会部门根据原材料用途分别记入“销售费用”“管理费用”和其他有关账户。领用的原材料可按“先进先出法”“加权平均法”“移动加权平均法”“个别计价法”等方法计算成本和转账。

3. 原材料出售的账务处理

企业购进的原材料如有多余或不需用，为避免积压，可以对外出售。对外出售的收入应通过“其他业务收入”账户，其销售成本应通过“其他业务支出”账户处理。

【例题 8 · 单项选择题】 企业出售原材料的成本，记入（　　）账户。

A.“销售费用”　　　　B.“其他业务成本”

C.“营业外成本”　　　　D.“管理费用”

【答案】 B

【解析】 企业出售原材料，其收入记入“其他业务收入”账户，其成本记入“其他业务成本”账户。

4. 原材料清查的账务处理

企业应加强对原材料的管理，建立健全收、发领用及核算制度。财会部门设置原材料的总分类账和按类别、品种、规格、分户的明细分类账，采用数量进行金额核算，物资保管部门要建立数量保管账，并定期进行清查盘点。盘点时，财会部门的总账与明细账，明细账与物资保管部门的保管账，保管账与实物都要进行核对，以达到账账、账实相符。

在清查盘点中发生的盘盈和盘亏数，要及时转入“待处理财产损溢”账户，并查明原因，及时处理。

思考与练习

一、单项选择题

1. 随商品出售不单独计价的包装物在出售时，可能借记（　　）账户。

A.“销售费用”　　　　B.“管理费用”

C. “生产成本” D. “其他业务成本”

2. 随同商品出售单独计价的包装物在出售时,应借记( )账户。

A. “销售费用” B. “管理费用”

C. “生产成本” D. “其他业务成本”

3. 某商品流通企业的低值易耗品摊销采用一次转销法,若本月购入1 500元打印纸,则其摊销时应借记( )账户。

A. “长期待摊费用” B. “采购成本”

C. “管理费用” D. “其他业务成本”

4. 某批发企业的包装物摊销采用分次摊销法,若2月初领用价值50万元包装物,预计无残值,使用期10个月,则5月份应摊销的金额是( )万元。

A. 1 B. 2 C. 3 D. 5

5. 以下各项中,应在“原材料”账户内核算的是( )。

A. 随同商品销售的包装材料 B. 各种包装材料如纸、铁丝等

C. 用于储存或保管商品的包装材料 D. 出租给外单位使用的包装材料

6. 以下包装物摊销方式中,适用于价值较低、使用期限较短的包装物的是( )。

A. 一次转销法 B. 分次摊销法

C. 降等摊销法 D. 盘存估价摊销法

7. 以下包装物摊销方式中,适用于价值较高、使用期限较长、使用情况较稳定的包装物的是( )。

A. 一次转销法 B. 分次摊销法

C. 降等摊销法 D. 盘存估价摊销法

8. 以下包装物摊销方式中,适用于品种较多且各期领用报废额较均衡的包装物的是( )。

A. 一次转销法 B. 分次摊销法

C. 降等摊销法 D. 盘存估价摊销法

9. 收取出租、出借包装物押金时贷记的账户是( )。

A. “其他应付款” B. “其他应收款”

C. “营业外收入” D. “其他业务收入”

10. 购进多种低值易耗品所发生的运费数额较少,难以划分品种的,可直接记入( )账户。

A. “销售费用” B. “管理费用”

C. “低值易耗品” D. “长期待摊费用”

二、多项选择题

1. 以下几种情况的收入中,应记入“其他业务收入”账户核算的是( )。

A. 原材料出售 B. 低值易耗品出售

C. 包装物出租 D. 库存产品销售

2. 包装物的摊销方法主要有( )。

A. 分期分次摊销法 B. 降等摊销法

C. 盘存估价摊销法　　　　　　　　D. 一次摊销法

3. 以下属于包装物的核算范围的有（　　）。

A. 生产过程中用于包装产品作为产品组成部分的包装物

B. 随同产品出售而不单独计价或单独计价的包装物

C. 用于储存商品、材料的包装物

D. 出租或出借给其他单位使用的包装物

4. 以下属于包装物明细账户的有（　　）。

A. 库存未用包装物　　　　　　　　B. 出租包装物

C. 包装物摊销　　　　　　　　　　D. 出借包装物

5. 以下属于"低值易耗品"的核算范围的有（　　）。

A. 文件柜　　　　B. 收款机　　　　C. 汽车　　　　D. 货架

三、判断题

1. 出借包装物因不能使用而报废时，应将其残料价值记入"其他业务成本"账户。（　　）

2. 企业支付的包装物押金和收取的包装物押金均应通过"其他应收款"账户核算。（　　）

3. 商品流通企业出售原材料、包装箱、低值易耗品的收入应记入"其他业务收入"账户。（　　）

4. 商品流通企业取得出租包装物的租金收入时应贷记"其他应付款"账户。（　　）

5. 购进多种原材料所发生的运费，数额较小且又不易划分品种的，可直接作为费用开支。（　　）

四、计算及财务处理题

1. 华夏商场2×19年10月份发生以下关于包装物的经济业务。

(1) 1日，购进包装商品用纸一批，货款5 000元，增值税额650元，以转账支票付讫，所有包装物由总务部门验收完毕并入库。

(2) 1日，出租包装物铁桶一批，账面价值5 000元，收取押金3 000元，租期为30天，每天收取租金200元，增值税额26元。押金款项已收到并存入银行，每天租金以现金收取。

(3) 3日，业务部门领用包装用纸一批，账面价值2 000元。

(4) 4日，出售一批闲置的包装桶，计货款5 000元，增值税额650元，款项已收到并存入银行，该包装桶的账面价值4 000元。

(5) 9日，出售油500千克，计货款4 000元，增值税额520元，随油销售的铁桶50个，计货款400元，增值税额52元。货款尚未收到。该油原进价3 000元，铁桶原进价300元。

(6) 9日，销售柴油80桶，计货款4 000元，增值税额520元；经合同协定，随同柴油出售的不单独计价的铁桶账面价值160元。当即全部收到转账支票并存入银行。该柴油每桶原进价40元。

(7) 10日，因企业经营需要，从其他单位租入包装箱100个，支付押金1 000元，租赁费用500元，到期一次支付，款项均以银行存款支付。

(8) 23日，归还租入的包装箱100个，支付租赁费500元，收回押金。

(9) 25 日，收回归还的出租包装物铁桶一批，转账支付退回押金 3 000 元。收回的铁桶已不能继续使用，作报废处理，残料出售收回现金 1 000 元。

(10) 26 日，上个月出租给某单位的包装物纸箱已到期，但未能按时归还，没收逾期未退的包装物的押金 3 000 元。

要求：根据上述经济业务，编制相应会计分录。

2. 华夏商场 2×15 年 10 月份发生以下关于低值易耗品的经济业务。

(1) 3 日，购入电子秤 20 只，每只 60 元，计货款 1 200 元，增值税额 156 元，已验收入库，款项以转账支票付讫。

(2) 5 日，购入铁皮橱 20 个，每个 800 元，计货款 16 000 元，增值税额 2 080 元，已验收入库，款项尚未支付。

(3) 10 日，购入小推车 20 辆，每辆 500 元，计款项 10 000 元，增值税额 1 300 元，已验收入库，开具商业承兑汇票。

(4) 10 日，领用电子秤 10 只，每只进价 60 元，采用一次转销法。

(5) 15 日，领用本月购进的小推车 3 辆，预计使用 2.5 年，分次摊销法摊销本月负担的费用。

(6) 12 日，领用铁皮橱 10 个，每个进价 800 元，采用五五摊销法。

(7) 21 日，出售一组旧货架，含税收入 2 260 元，增值税税率 13%，款项已经收到并存入银行，该货架账面原值 5 000 元，已经摊销了 3 200 元。

(8) 22 日，报废铁皮橱 5 个，账面原值 4 000 元，该铁皮橱采用五五摊销法，残料回收估价 100 元，验收入库。

要求：根据上述经济业务，编制相应会计分录。

3. 华夏商场 2×19 年 10 月份发生以下关于原材料的经济业务。

(1) 3 日，现金购入日光灯管 2 000 支，每支 10 元，计货款 20 000 元，增值税额 2 600 元；拖把 1 000 支，每支 5 元，共计货款 5 000 元，增值税额 650 元；支付市内运杂费 50 元。已由总部部门验收完毕并入库。

(2) 6 日，从本市购入木料一批，计货款 50 000 元，增值税额 6 500 元，木料运杂费 1 000 元，款项一并以转账支票付讫，木料已由总部部门验收完毕并入库。

(3) 13 日，出售多余木料一批，账面价值 2 500 元，出售价格 3 000 元，增值税额 390 元，款项已收到，存入银行。

(4) 30 日，“材料物资耗用汇总表”显示，维修部门领用修理用铁线圈一批，计货款 5 000 元；销售部门领用三夹板 50 张，计 5 000 元；销售部门领用日光灯管 200 支，计 2 000 元；行政部门办公室领用三夹板 10 张，计 1 000 元；行政部门领用信封、信纸一批，计 1 000 元。

要求：根据上述经济业务，编制相应会计分录。

第七章　固定资产、无形资产及其他资产

本章基本内容框架

- 固定资产概述
  - 固定资产的含义、确定标准及特征
  - 固定资产的分类
- 固定资产的确认与初始计量
  - 固定资产的确认
  - 固定资产的初始计量
    - 外购
    - 自行建造
    - 投资转入
    - 接受捐赠
- 固定资产的后续计量
  - 固定资产的折旧
    - 影响折旧计算的因素
    - 折旧方法
    - 折旧的会计核算
  - 固定资产的减值
  - 固定资产的后续支出
- 固定资产的处置
  - 出售
  - 报废
  - 毁损
- 固定资产的清查
  - 盘盈的会计处理
  - 盘亏的会计处理

- 无形资产概述
  - 无形资产的含义及特征
  - 无形资产的内容
  - 无形资产的分类
- 无形资产的初始计量
  - 外购的无形资产
  - 投资者投入的无形资产
- 内部研究开发费用的确认与计量
  - 内部研究开发费用确认与计量的原则
  - 内部研究开发费用的会计处理
- 无形资产的后续计量
  - 无形资产使用寿命的确定
  - 无形资产摊销的会计处理
- 无形资产的处置
  - 无形资产出售的会计处理
  - 无形资产出租的会计处理
  - 无形资产报废的会计处理

重点、难点讲解及典型例题

一、固定资产的确认标准

根据固定资产准则的规定，根据固定资产是否属于生产经营主要设备的物品，其确定的标准分别如下。

(1) 属于生产经营主要设备的物品，需满足使用寿命超过一个会计年度的条件(无单位价值的要求)。

(2) 不属于生产经营主要设备的物品，需同时满足以下两个条件：

第一，单位价值在 2 000 元以上；

第二，使用寿命超过 2 年。

二、固定资产的初始计量

1. 外购的固定资产

商品流通企业外购固定资产的成本，包括购买价款、相关税费、使固定资产达到预定可使用状态前所发生的可归属于该项资产的运输费、装卸费、安装费和专业人员服务费等。

(1) 外购不需安装的固定资产。设置“固定资产”账户，可以抵扣的进项税额记入“应交税费——应交增值税(进项税额)”账户。

【例题 1 · 单项选择题】 华夏商贸公司为增值税一般纳税人，以银行存款外购一台不需安装的运输设备，增值税专用发票上注明价款 20 000 元，增值税额2 600元，另支付运杂费及保险费 2 000 元，该设备的入账金额是(　　)元。

A. 23 400　　B. 20 000　　C. 22 000　　D. 25 400

【答案】 C

【解析】 该设备的入账金额＝20 000＋2 000＝22 000(元)

(2) 外购需安装的固定资产。商品流通企业应设置“在建工程”账户，“在建工程”反映企业期末各项未完工程的实际支出。

会计分录为：

第一，购入需要安装的固定资产。

借：在建工程
　　应交税费——应交增值税(进项税额)
　　贷：银行存款

第二，在安装的过程中发生的安装调试等费用。

借：在建工程
　　贷：银行存款

第三，安装结束，固定资产达到预定使用状态，将“在建工程”转入“固定资产”账户。

借：固定资产
　　贷：在建工程

【例题 2·单项选择题】 华夏商贸公司为增值税一般纳税人，外购一台需安装的设备，增值税专用发票上注明价款 100 000 元，增值税额 13 000 元，另支付运杂费及保险费 5 000 元，在安装过程支付安装费 8 000 元，设备安装完毕，其入账金额是(　　)元。

A. 117 000　　B. 113 000　　C. 105 000　　D. 108 000

【答案】 B

【解析】 该设备的入账金额＝100 000＋5 000＋8 000＝113 000(元)

2. 自行建造固定资产

企业自行建造固定资产包括自营建造和出包建造两种方式。

(1) 自营建造。自营建造多指自制专用设备等有形动产。需设置“工程物资”和“在建工程”账户。

在确定自营工程成本时需注意的问题：

① 有形动产的在建工程领用存货时，应按成本转入，计入在建工程的成本。

② 不动产的在建工程领用自制半成品或产成品时，应按自制半成品和产成品的成本计入在建工程的成本。

③ 自营方式建造固定资产应负担的职工薪酬、辅助生产部门为之提供的水、电、修理、运输等劳务，以及其他必要支出等也应计入所建工程项目的成本。

④ 建设期间发生的工程物资盘亏、报废及毁损，减去残料价值以及保险公司、过失人等赔款后的净损失，计入所建工程项目的成本。

⑤ 建设期间盘盈的工程物资或处置净收益，冲减所建工程项目的成本。

⑥ 符合资本化条件，应计入所建造固定资产成本的借款费用按照《企业会计准则第 17 号——借款费用》的有关规定处理。

⑦ 工程完工后，剩余的工程物资转为本企业存货的，按其实际成本或计划成本进行结转，同时，冲减所建工程的成本，借记“原材料”等账户，贷记“在建工程”账户。

⑧ 工程完工后，对于已领出的未用完的工程物资办理退库手续时，应借记“工程物资”账户，贷记“在建工程”账户。

⑨ 工程完工后，发生的工程物资盘盈、盘亏、报废、毁损，记入当期“营业外收入”或“营业外支出”账户。

(2) 出包方式建造固定资产。出包建造多指不动产的建设。企业应设置“在建工程”账户，核算企业与建造承包商办理工程价款的结算业务。

3. 投资者转入的固定资产

应按投资合同或协议约定的价值加上应支付的相关税费作为固定资产的入账价值，但合同或协议约定价值不公允的除外。

按取得固定资产的入账价值，借记“固定资产”账户，可以抵扣的进项税额，借记“应交税费——应交增值税(进项税额)”账户，贷记“实收资本”或“股本”账户，按其差额部分记入“资本公积——资本溢价”或“资本公积——股本溢价”账户。即：

借：固定资产
　　应交税费——应交增值税(进项税额)
　　贷：实收资本/股本
　　　　资本公积——资本溢价/股本溢价

【例题3·单项选择题】 华夏商贸公司为增值税一般纳税人，接受乙公司以一栋厂房作为投资，投资合同约定的价值为2 000 000元，占甲公司所有者权益的份额为1 900 000元，另支付运杂费10 000元，该厂房的入账金额是(　　)元。

A. 2 000 000　　B. 1 900 000

C. 2 010 000　　D. 1 910 000

【答案】 C

【解析】 该厂房的入账金额＝2 000 000＋10 000＝2 010 000(元)

4. 投资者转入的固定资产

捐赠利得是指企业接受外部现金或非现金资产捐赠而获得的利得，应记入"营业外收入——捐赠利得"账户，接受捐赠的固定资产，如可以抵扣进项税额的，应借记"应交税费——应交增值税(进项税额)"账户。

三、固定资产的后续计量

1. 固定资产的折旧

(1) 影响固定资产折旧计算的因素有固定资产的原始价值、预计净残值、减值准备、使用寿命。

(2) 固定资产的折旧范围。通常情况下，以下固定资产不计提折旧。

① 房屋、建筑物以外未投入使用的固定资产。

② 以经营租赁方式租入的固定资产。

③ 以融资租赁方式租出的固定资产。

④ 已足额提取折旧仍继续使用的固定资产。

⑤ 与经营活动无关的固定资产。

⑥ 单独估价作为固定资产入账的土地。

⑦ 改建、扩建中的固定资产。

⑧ 提前报废的固定资产。

⑨ 其他不得计算折旧扣除的固定资产。

【例题4·多项选择题】 以下固定资产中需计提折旧的有(　　)。

A. 融资租入固定资产

B. 以经营租赁方式租入的固定资产

C. 达到预定可使用状态，未投入使用的厂房

D. 提前报废的设备

E. 季节性停产的固定资产

F. 大修理期间暂停使用的固定资产

G. 扩建中的固定资产

【答案】 ACEF

【解析】 以经营租赁方式租入的固定资产不计提折旧，只支付租金；提前报废的设备其账面价值已注销，不计提折旧；扩建中的固定资产，在投入扩建时，就将其账面价值转入"在建工程"账户，不计提折旧。

(3) 固定资产的折旧方法，如图7-1所示。

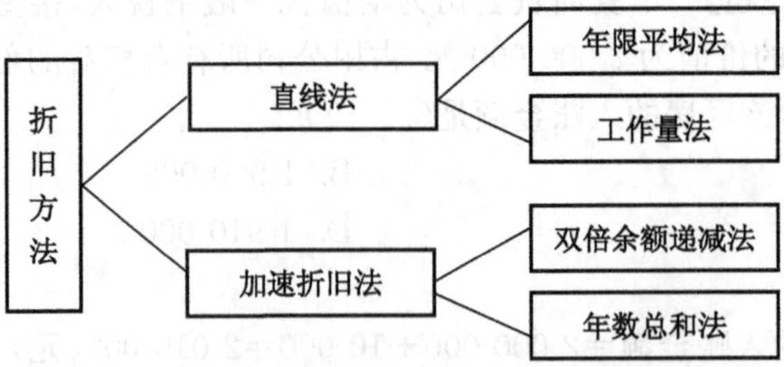

图 7-1　固定资产折旧方法

(4) 固定资产折旧的会计处理。在会计实务中，企业一般都是按月计提固定资产折旧的。月份内开始使用的固定资产，当月不计提折旧，从下月起计提折旧；月份内减少或停用的固定资产，当月仍计提折旧，从下月起停止计提折旧，具体如表 7-1 所示。

表 7-1　固定资产折旧的会计处理

属用部门	借记科目	备注
管理部门		
未使用的固定资产	管理费用	如未使用房屋建筑物计提的折旧
内设销售机构		
生产部门	制造费用	如生产设备、厂房的折旧
专设销售机构	销售费用	如售后服务网点、销售网点的固定资产折旧
经营性出租	其他业务成本	如经营性出租设备的折旧
用于自行建造其他固定资产	在建工程	如用于自行建造办公楼的货车折旧
用于内部研发其他无形资产，开发阶段符合资本化条件的	研发支出——资本化支出	如用于某专利权研发的 A 设备的折旧

【例题 5 · 单项选择题】 以下发生的固定资产折旧中，记入“销售费用”账户的有(　　)。

A. 管理部门固定资产的折旧　　B. 售后服务网点固定资产的折旧

C. 未使用厂房的折旧　　D. 经营性出租固定资产的折旧

【答案】 B

【解析】 售后服务网点固定资产的折旧记入“销售费用”账户；经营性出租固定资产的折旧记入“其他业务成本”账户；管理部门固定资产的折旧、未使用厂房的折旧记入“管理费用”账户。

2. 固定资产的后续支出

固定资产的后续支出是指固定资产使用过程中发生的更新改造支出、修理费用等，如固定资产的增置、改良与改善、换新、修理、重新安装等。

一般情况下，商品流通企业发生的日常修理和大修理费用在发生的当期按照固定资产的用途和部门计入当期损益。

固定资产的日常修理费用在发生时应直接计入当期损益。企业生产车间(部门)和行政管理部门等发生的固定资产修理费用等后续支出计入管理费用；企业专设销售机构的，其发生的与专设销售机构相关的固定资产修理费用等后续支出，计入销售费用。

商品流通企业对固定资产进行定期检查发生的大修理费用，有确凿证据表明符合固定资产确认条件的部分，可以计入固定资产成本，不符合固定资产的确认条件的应当费用化，计入当期损益。固定资产在定期大修理隔期间，照提折旧。

【例题 6・单项选择题】 生产车间(部门)设备的修理费，应记入(　　)账户。

A. “制造费用”　　　　B. “管理费用”

C. “生产成本”　　　　D. “其他业务成本”

【答案】 B

【解析】 生产车间(部门)和行政管理部门等发生的固定资产修理费用等后续支出计入管理费用。

四、固定资产的处置

固定资产的处置是指由于各种原因使企业的固定资产退出生产经营过程，并予以终止确认的处理活动。

商品流通企业应设置“固定资产清理”账户，核算企业因出售、报废、毁损、对外投资、非货币性资产交换、债务重组等原因转入清理的固定资产账面价值，以及清理过程发生的清理税费和清理收入。

固定资产处置的会计处理一般经过以下几个步骤。

1. 固定资产转入清理，注销固定资产的账面价值

固定资产转入清理时，按固定资产账面价值，借记“固定资产清理”账户，按已计提的累计折旧，借记“累计折旧”账户，按已计提的减值准备，借记“固定资产减值准备”账户，按固定资产账面余额，贷记“固定资产”账户。

借：固定资产清理
　　累计折旧
　　固定资产减值准备
　　贷：固定资产

2. 清理过程

(1) 发生清理税费。固定资产清理过程中发生的有关费用以及应支付的相关税费，借记“固定资产清理”账户，贷记“银行存款”“应交税费——应交增值税”等账户。

借：固定资产清理
　　贷：银行存款/应付职工薪酬/应交税费等

(2) 出售收入、残料、保险或过失人赔偿等。

企业收回出售固定资产的价款、残料价值和变价收入、企业计算或收到的应由保险公司或过失人赔偿的损失等，应冲减清理支出。按实际收到的出售价款、残料变价收入、赔偿损失等，借记“银行存款”“原材料”“其他应收款”等账户，贷记“固定资产清理”账户。

借：银行存款/原材料/其他应收款等
　　贷：固定资产清理

通常情况下，出售固定资产会涉及相关税费，如出售有形动产(设备等)的固定资产涉及增

值税，出售不动产(房屋、建筑物)涉及增值税(售价×11%)，因此当收到出售收入时，应同时计算应纳税额。

会计分录如下：

借：银行存款

　　贷：固定资产清理

　　　　应交税费——应交增值税(销项税额)

3. 清理净损益的处理

(1) 清理完毕，“固定资产清理”账户余额如为借方，则表示固定资产处置的净损失，应由“固定资产清理”账户的贷方转出，转入“营业外支出”账户的借方。

① 属于生产经营期间正常的处理损失，借记“资产处置损益”账户，贷记“固定资产清理”账户。

借：资产处置损益

　　贷：固定资产清理

② 属于生产经营期间由于自然灾害等非正常原因造成的，借记“营业外支出——非常损失”账户，贷记“固定资产清理”账户。

借：营业外支出——非常损失

　　贷：固定资产清理

(2) 清理完毕，“固定资产清理”账户余额如为贷方，则表示固定资产处置的净收益，应由“固定资产清理”账户的借方转出，转入“资产处置损益”账户的借方。

借：固定资产清理

　　贷：资产处置损益

【例题7·单项选择题】 固定资产出售的净收益，记入(　　)账户。

A. “营业外收入”　　B. “主营业务收入”

C. “其他业务收入”　　D. “资产处置损益”

【答案】 D

【解析】 出售固定资产，为非日常经营活动。出售固定资产的净损益属于处置非流动资产的利得或损益，应记入“资产处置损益”账户。

【例题8·单项选择题】 华夏商贸公司为增值税一般纳税人，2×19年5月10日将一座厂房出售，厂房原价为1 000 000元，已计提折旧475 000元，已计提减值准备40 000元，实际出售价格为450 000元，已通过银行收回，在清理过程发生清理费4 000元，以银行存款支付。该厂房出售的净损失为(　　)元。

A. 60 000　　B. 61 500　　C. 39 000　　D. 84 000

【答案】 C

【解析】 该厂房出售的净损益＝450 000－(1 000 000－475 000－40 000)－4 000＝－39 000(元)，因此净损失39 000元。

会计处理如下。

(1) 将厂房转入清理，注销厂房的账面价值。

借：固定资产清理　　485 000
　　累计折旧　　475 000
　　固定资产减值准备　　40 000
　　贷：固定资产　　1 000 000

（2）清理过程。

① 发生清理费用。

借：固定资产清理　　4 000
　　贷：银行存款　　4 000

② 收到出售价款。

借：银行存款　　450 000
　　贷：固定资产清理　　450 000

（3）结转净损益。

借：资产处置损益损失　　39 000
　　贷：固定资产清理　　39 000

五、固定资产的清查

固定资产清查的会计处理如表 7-2 所示。

表 7-2　固定资产清查的会计处理

清查	会 计 分 录
固定资产盘亏	（1）发生时 借：待处理财产损溢——待处理固定资产损溢 　　累计折旧 　　固定资产减值准备 　贷：固定资产 （2）落实原因后，经批准 借：其他应收款/银行存款等账户 　　营业外支出——盘亏损失 　贷：待处理财产损溢——待处理固定资产损溢
固定资产盘盈	企业在财产清查中盘盈的固定资产，作为前期差错处理 借：固定资产 　贷：以前年度损益调整 借：以前年度损益调整 　贷：利润分配——未分配利润

六、无形资产的含义及内容

无形资产是指企业拥有或者控制的没有实物形态的可辨认非货币性资产。

无形资产通常包括专利权、非专利技术、商标权、著作权、特许权、土地使用权等。商誉由于其存在无法与企业自身相分离而不具有可辨认性，因此商誉不属于无形资产。

【例题 9 · 单项选择题】 以下属于商品流通企业无形资产的有(　　)。

A. 专利权　　B. 非专利技术

C. 商标权　　D. 商誉

E. 特许权　　F. 土地使用权

G. 著作权

【答案】 ABCEFG

【解析】 商誉由于其存在无法与企业自身相分离而不具有可辨认性,因此商誉不属于无形资产。

七、无形资产的初始计量

1. 外购的无形资产

外购的无形资产,其成本包括购买价款、相关税费以及直接归属于使该项资产达到预定用途所发生的其他支出。

商品流通企业应设置"无形资产"账户进行无形资产的总分类核算,并在"无形资产"总账账户下按其内容及无形资产的具体名称分设明细账户,如"无形资产——专利权——A 专利""无形资产——商标权——甲商标"。

【例题 10 · 单项选择题】 华夏商贸公司外购 A 专利权,购买价款 180 000 元,另支付相关手续费等 5 000 元,A 专利权的入账金额为(　　)元。

A. 180 000　　B. 158 846　　C. 185 000　　D. 175 000

【答案】 C

【解析】 A 专利权的入账金额＝180 000＋5 000＝185 000(元)

2. 投资者投入的无形资产

投资者投入的无形资产的成本,应当按照投资合同或协议约定的价值确定,在投资合同或协议约定价值不公允的情况下,应按无形资产的公允价值入账。

无形资产的入账价值与折合资本额之间的差额,作为资本溢价,计入资本公积。

【例题 11 · 单项选择题】 华夏商贸公司因业务发展的需要,接受丁公司以 A 专利权向企业进行投资。根据投资双方签订的投资合同,A 专利权的价值为 300 000 元,折合为公司面值 1 元的股票 260 000 股。A 专利的入账金额为(　　)元。

A. 300 000　　B. 280 000　　C. 260 000　　D. 340 000

【答案】 A

【解析】 投资者投入的无形资产的成本,应当按照投资合同或协议约定的价值确定。

会计分录为:

借:无形资产——专利权——A 专利	300 000	
贷:股本——丁公司		260 000
资本公积——股本溢价		40 000

八、内部研究开发费用的确认和计量

1. 账户设置

①"研发支出——费用化支出"。本明细账户核算研究阶段及开发阶段不符合资本化条

件的支出，期末(月末)将“研发支出——费用化账户支出”的借方余额转入“管理费用”，该明细账户结转后无余额。

②“研发支出——资本化支出”。本明细账户核算开发阶段符合资本化条件的支出，发生时借记本明细账户，贷记“原材料”“银行存款”“应付职工薪酬”等账户，待研究开发项目达到预定用途形成无形资产时，应在达到预定用途的当期，将此明细账户的余额转入“无形资产”账户，即：借记“无形资产”账户，贷记“研发支出——资本化支出”账户。本明细账户期末(月末)借方余额，反映企业正在进行的研究开发项目中符合资产化条件的支出。在资产负债表中，应填列在“开发支出”项目。

2. 内部研究开发费用账务处理流程(见图 7-2)

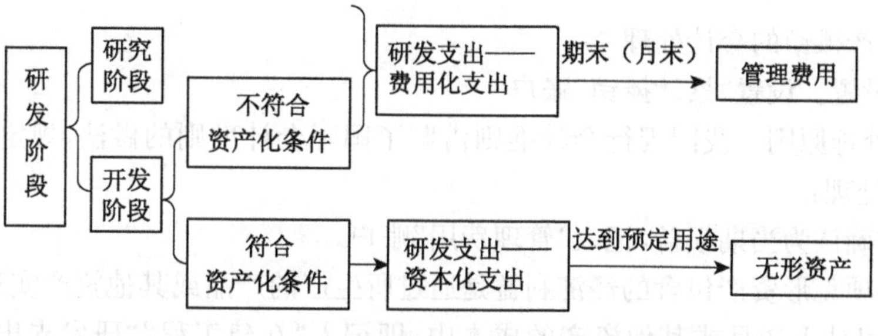

图 7-2 内部研究开发费用账务处理流程

核算过程易错点为：月末容易忘记将“研发支出——费用化支出”账户余额转入“管理费用”账户。

【例题 12 · 单项选择题】 华夏商贸公司期末“研发支出——资本化支出”明细科目的余额为 250 000 元，在编制资产负债表时，应将 250 000 元填至(　　)项目的期末余额栏。

A. 无形资产　　B. 固定资产　　C. 开发支出　　D. 在建工程

【答案】 C

【解析】 “研发支出——资本化支出”明细科目期末(月末)借方余额，反映企业正在进行中的研究开发项目中符合资产化条件的支出。在资产负债表中，应填列在“开发支出”项目。

九、无形资产的后续计量

1. 无形资产使用寿命的确认(见表 7-3)

表 7-3 无形资产使用寿命的确认

具体情况	使用寿命的确定
来源于合同性权利或其他法定权利的	(1) 不应超过合同性权利或其他法定权利的期限(如果续约不需付出大额成本，续约期计入使用寿命)。 (2) 如预期期限短于合同性权利或其他法定权利的期限，则以预期期限确定其使用寿命。
合同或法律没有规定使用寿命的	应当综合各方面情况判断，以确定无形资产能为企业带来未来经济利益的期限，如参考历史经验、聘请相关专家进行论证、同行业的情况进行比较等。

（续表）

具体情况	使用寿命的确定
按照上述方法仍无法合理确定无形资产为企业带来经济利益期限的	该类无形资产应作为使用寿命不确定的无形资产不进行摊销。

2. 无形资产的摊销方法

国际上普遍采用的主要是直线法。

在一般情况下，使用寿命有限的无形资产，其残值应视为零。

应摊销金额＝无形资产入账成本－残值－已计提减值准备

每期应摊销的金额＝应摊销金额÷无形资产的摊销期限

3. 无形资产摊销的会计处理

(1) 账户设置。设置“累计摊销”账户。

(2) 账务处理原则。我国现行会计准则借鉴了国际会计准则的做法，规定无形资产的摊销金额作如下处理：

① 一般应确认为当期损益，记入“管理费用”账户。

② 如果某项无形资产包含的经济利益是通过所生产的产品或其他资产实现的，无形资产的摊销金额可以计入产品或其他资产的成本中，即记入“在建工程”“研发支出——资产化支出”“生产成本”等账户，再如以经营租赁方式出租的无形资产的摊销额记入“其他业务成本”账户。

③ 当月增加的无形资产，当月进行摊销；当月减少的无形资产，当月不再进行摊销。

会计分录为：

借：管理费用/在建工程等

　　贷：累计摊销

【例题 13 · 单项选择题】 华夏商贸公司以经营租赁方式租出的B专利权本月摊销金额2 000元，应借记(　　)账户。

A. “其他业务成本”　　B. “在建工程”

C. “管理费用”　　D. “制造费用”

【答案】 A

【解析】 以经营租赁方式出租的无形资产的摊销额记入“其他业务成本”账户，租金收入记入“其他业务收入”账户。

十、无形资产的处置

无形资产的处置，主要是指无形资产出售、对外出租、对外捐赠，或者是当无形资产无法为企业带来未来经济利益时，转销并终止确认。

1. 无形资产的出售：转让的是所有权

无形资产准则规定，企业出售无形资产时，应将所取得的价款与该无形资产账面价值的差额作为资产处置利得或损失（营业外收入或营业外支出）。

出售无形资产还应按实际转让收入的6%计算缴纳增值税。

会计分录为：

借：银行存款
　　累计摊销
　　无形资产减值准备
　　贷：无形资产
　　　　应交税费——应交增值税（销项税额）[如果涉及]
　　　　资产处置损益　　　　[或借记资产处置损益]

2. 无形资产的出租：转让的是使用权

账户设置：

①“其他业务收入”账户。本账户核算企业取得的租金收入。

②“其他业务成本”“应交税费——应交增值税”账户。

“其他业务成本”账户核算企业出租无形资产的摊销金额和发生的其他费用支出。“应交税费——应交增值税”账户核算应缴纳的增值税。

3. 无形资产的报废

无形资产报废的净损失转入“营业外支出——处置非流动资产损失”账户，会计分录为：

借：营业外支出——处置非流动资产损失
　　累计摊销
　　无形资产减值准备
　　贷：无形资产——××

思考与练习

一、单项选择题

1. 下列说法中，不正确的是（　　）。

A. 新增固定资产应当从增加的当月开始计提折旧

B. 已提足折旧仍继续使用的固定资产和作为固定资产核算的土地不计提折旧

C. 固定资产的使用寿命、预计净残值和折旧方法一经确定，不得随意变更

D. 当月减少的固定资产，当月仍需计提折旧

2. 增值税一般纳税人购入需安装运输设备，设备的入账价值不包括（　　）。

A. 支付的运杂费、保险费

B. 安装费

C. 设备的成本

D. 增值税专用发票上注明的进项税额

3. 未使用的固定资产计提的折旧，应计入（　　）。

A. 销售费用　　　　B. 管理费用

C. 其他业务成本　　　　D. 营业外支出

4. 固定资产报废净损失，记入（　　）账户。

A. “营业外支出”　　　　B. “主营业务成本”

C. “其他业务成本”　　D. “管理费用”

5. 某固定资产使用年限为5年，在采用年数总和法计提折旧的情况下，第2年的年折旧率为(　　)。

A. 4/15　　B. 3/15　　C. 2/15　　D. 1/15

6. 华夏商贸公司为增值税一般纳税人，适用的增值税税率为13%。2×19年4月12日对M车间进行扩建。该车间的原价为1 000万元，累计折旧为100万元，已计提减值准备100万元。扩建过程发生劳务费用400万元；领用本公司产品一批，成本为100万元，计税价格为130万元。该车间于2×19年9月20日达到预定可使用状态。问扩建后的车间入账价值为(　　)万元。

A. 1 300　　B. 1 322.10　　C. 1 352.10　　D. 1 500

7. 下列项目中，不属于无形资产的是(　　)。

A. 商标权　　B. 非专利技术

C. 专利权　　D. 商誉

8. 接受投资者投入的无形资产，应按(　　)入账。

A. 投资方无形资产的账面价值

B. 该无形资产可能带来未来现金流量之和

C. 同类无形资产的价格

D. 投资各方合同或协议约定的价值

9. 关于无形资产的摊销，下列说法中，不正确的是(　　)。

A. 使用寿命有限的无形资产，其应摊销的金额应当在使用寿命内系统合理地摊销

B. 使用寿命不确定的无形资产不需要摊销

C. 使用寿命有限的无形资产一定无残值

D. 当月增加的无形资产，当月进行摊销；当月减少的无形资产，当月不再进行摊销

10. 华夏商贸公司2×14年1月1日购入一项专利权，实际成本为300万元，摊销年限为10年，采用直线法摊销。2×18年12月31日，该无形资产预计可收回金额80万元。该无形资产原摊销年限和摊销方法不变。2×19年12月31日，该无形资产的账面价值为(　　)万元，账面余额为(　　)万元。

A. 64　300　　B. 120　300　　C. 220　120　　D. 50　50

二、多项选择题

1. 下列固定资产中，应计提折旧的有(　　)。

A. 融资租入的固定资产

B. 按规定单独估价作为固定资产入账的土地

C. 大修理停用的固定资产

D. 季节性停产的固定资产

E. 未使用的房屋建筑物

2. 影响固定资产折旧的因素主要有(　　)。

A. 固定资产原价　　B. 预计净残值

C. 固定资产减值准备　　D. 固定资产的使用寿命

E. 固定资产的性能

3. 以下固定资产的修理费，应记入“管理费用”账户的有（　）。

A. 管理部门固定资产的修理费

B. 专设销售机构固定资产的修理费

C. 生产车间（部门）固定资产的修理费

D. 企业内部销售部门固定资产的修理费

4. 我国会计准则允许采用的加速折旧方法包括（　）。

A. 年数总和法　　B. 余额递减法

C. 双倍余额递减法　　D. 递减折旧率法

5. 增值税一般纳税人采用自营方式建造一台设备，下列应计入设备成本的有（　）。

A. 参与工程建造人员的薪酬

B. 外购工程物资可抵扣的增值税

C. 工程领用本企业自产产品的实际成本

D. 生产车间为工程提供的水电等费用

E. 建设期间工程物资的盘亏

6. “固定资产清理”账户贷方核算的内容包括（　）。

A. 固定资产的变价收入　　B. 收到的保险赔款

C. 发生的清理费用　　D. 结转的固定资产清理净损失

E. 转出的固定资产清理净收益

7. 影响固定资产处置净损益的因素有（　）。

A. 固定资产的变价收入　　B. 累计折旧

C. 发生的清理税费　　D. 固定资产的减值准备

E. 固定资产原值

8. 无形资产摊销时，借方可能用到的会计账户有（　）。

A. “管理费用”　　B. “制造费用”

C. “其他业务成本”　　D. “在建工程”

E. “研发支出——资本化支出”

9. 下列关于无形资产的业务中，可能影响企业营业利润的有（　）。

A. 无形资产研究阶段的支出

B. 无形资产开发阶段的支出

C. 出租无形资产的摊销额

D. 无形资产出售损益

E. 无形资产报废损益

10. 下列关于无形资产的说法中，正确的有（　）。

A. 无形资产的残值均为零

B. 无形资产的使用寿命一经确定不得随意变更

C. 使用寿命不确定的无形资产不需要计提减值

D. 使用寿命不确定的无形资产不需要计提摊销

E. 无形资产的摊销金额一般应记入“管理费用”账户

三、判断题

1. 已达到预定可使用状态尚未办理竣工决算的固定资产，应当按照估计价值确定其成本，并计提折旧，待办理竣工决算后，再按实际成本调整原来的暂估价值，同时需要调整原已计提的折旧额。（ ）

2. 采用双倍余额递减法计提折旧，除了最后两年外，其他期间不考虑预计的净残值。（ ）

3. “研发支出——费用化支出”账户在期末应无余额。（ ）

4. 工程完工后，工程物资的盘盈、盘亏、报废、毁损，计入当期营业外收支。（ ）

5. 接受捐赠的固定资产，记入“其他业务收入”账户。（ ）

6. 无形资产有的有期限，有的没有期限。（ ）

7. 无形资产的摊销金额均记入“管理费用”账户。（ ）

8. 资产负债表中开发支出项目期末余额为“研发支出——资本化支出”账户的余额。（ ）

9. 研究与开发费用均应计入无形资产的价值。（ ）

四、计算及账务处理题

1. 甲商贸公司现有一台运输设备，由于技术落后，企业决定提前报废。该设备的原价160 000元，已计提折旧91 200元，已计提减值准备8 000元。清理过程中发生清理费用3 500元，以银行存款支付，残料作价4 000元，以原材料入库。

要求：根据上述经济业务，编制相应会计分录。

2. 乙商贸公司因发生风灾而毁损一座办公楼，该办公楼原价1 200 000元，已计提折旧570 000元，已计提减值准备30 000元。清理过程发生清理费12 000元，以银行存款支付，残料作价9 000元，以原材料入库。经太平洋保险公司核定应赔偿200 000元，款项银行已收到，由责任人赔偿共计20 000元，以现金收讫。

要求：根据上述经济业务，编制相应会计分录。

3. 丁商贸公司在进行固定资产盘点时，发现盘亏一台设备，固定资产账簿上记录其原价为36 000元，已计提折旧13 680元，已计提减值准备2 000元，收到保险公司赔偿10 000元。

要求：根据上述经济业务，编制相应会计分录。

4. 东晓商贸公司在固定资产清查中，发现盘盈一台电脑，该电脑当前市场价格8 000元，其新旧程度估计为七成新。

要求：根据上述经济业务，编制相应会计分录。

5. 华夏商贸公司于2×18年3月12日购入一项C专利权，以银行存款支付买价和有关费用共计120万元，预计使用年限为10年，预计净残值为零，采用直线摊销法。2×19年12月31日，C专利权的可收回金额为80万元。（单位：元）

要求：请编制以下会计分录：

(1) 编制2×18年3月12日购入C专利权的会计分录。

(2) 编制2×18年3月份C专利权摊销的会计分录。

(3) 2×19年12月31日，C专利是否发生减值？如果发生，请编制确认减值损失的会计分录。

6. 2×19 年 1 月 1 日，万达商贸公司决定自主研发 N 专利权，在研发过程中发生如下业务，请编制相应会计分录。

(1) 2×19 年 2 月份发生研究阶段相关支出 30 000 元，其中人工工资 20 000 元，用银行存款支付其他费用 10 000 元。

(2) 2×19 年 5 月份开发阶段支出 300 000 元，包括领用材料费 200 000 元、人工工资 100 000 元，其中符合资本化条件的支出为 250 000 元。

(3) 2×19 年 6 月份开发阶段发生符合资本化的支出 10 000 元，为 N 专利权研发而投入的 A 专利权的摊销额。

(4) 2×19 年 7 月 31 日，N 专利权达到预定用途。

要求：编制以下业务的会计分录。(单位：元)

(1) 编制 2×19 年 2 月份的会计分录。

(2) 编制 2×19 年 5 月份的会计分录。

(3) 编制 2×19 年 6 月份的会计分录。

(4) 编制 2×19 年 7 月份的会计分录。

7. 2×19 年 9 月 30 日，大兴商贸公司接受乙公司以 B 土地使用权进行投资，根据双方签订的投资合同，B 土地使用权的价值为 500 000 元，占大兴商贸公司所有者权益的 20%，大兴商贸公司所有者权益合计 2 000 000 元。

要求：编制大兴商贸公司接受 B 土地使用权投资的会计分录。(单位：元)

8. 2×19 年 10 月 6 日，金鑫商贸公司将拥有的 E 专利权作报废处理，报废时，E 专利权的账面余额为 120 000 元，已计提累计摊销 72 000 元，已确认减值 30 000 元。

要求：编制金鑫商贸公司报废 E 专利权的会计分录。(单位：元)

第八章　对 外 投 资

本章基本内容框架

- 对外投资概述
  - 对外投资的含义
  - 对外投资的分类
- 交易性金融资产
  - 交易性金融资产的含义
  - 交易性金融资产的账务处理
- 债权投资
  - 债权投资的含义及特征
  - 债权投资的账务处理
- 其他债权投资和其他权益工具投资
  - 其他债权投资和其他权益工具投资的核算原则
  - 其他债权投资和其他权益工具投资的账务处理
- 长期股权投资
  - 长期股权投资概述
  - 采用成本法核算的长期股权投资
  - 采用权益法核算的长期股权投资
  - 长期股权投资减值

重点、难点讲解及典型例题

一、对外投资概述

所谓对外投资就是企业在其本身经营的主要业务以外，以现金、实物资产、无形资产等方式，或者以购买股票、债券等有价证券方式向境内外的其他单位进行投资，以期在未来获得投资收益的经济行为。对外投资的分类如表 8-1 所示。

表 8-1　对外投资的分类

分类标准	分 类 项 目
回收期限不同	长期投资和短期投资
拥有权益不同	股权投资和债权投资
管理金融资产的业务模式和金融资产的合同现金流量特征	以公允价值计量且其变动计入当期损益的金融资产、以摊余成本计量的金融资产、以公允价值计量且其变动计入其他综合收益的金融资产

二、交易性金融资产

交易性金融资产是企业为了近期内出售而持有的金融资产，如企业以赚取差价为目的从二级市场购买的股票、债券、基金等。

(一) 核算科目(见表 8-2)

表 8-2　与交易性金融资产核算有关的会计科目

核算科目	科目性质	核算内容
交易性金融资产——成本	资产类	核算交易性金融资产的成本
交易性金融资产——公允价值变动	资产类	核算交易性金融资产在持有期间的公允价值变动金额
公允价值变动损益	损益类	核算企业交易性金融资产等公允价值变动而形成的应计入当期损益的利得或损失
投资收益	损益类	核算企业持有交易性金融资产等期间取得的投资收益以及处置交易性金融资产等实现的投资收益或投资损失

(二) 会计处理

金融资产的会计处理包括取得、持有期间以及出售三个环节的会计处理。

1. 交易性金融资产的取得

交易性金融资产应当按照公允价值进行初始确认，相关交易费用应直接计入当期损益。企业取得金融资产时所支付的价款中包含的已宣告但尚未发放的债券利息或现金股利，应当单独确认为应收项目。在持有期间取得的利息或现金股利，应当确认为投资收益。

借：交易性金融资产——成本　(按股票或债券等资产公允价值)
　　应收股利或应收利息　(按代垫股利或利息)
　　投资收益　(按发生的交易费用)
　　贷：其他货币资金等　(按实付金额)

【例题 1 · 单项选择题】 某公司从证券市场购入股票 20 000 股，每股 10 元，其中包含已宣告但尚未领取的现金股利 0.6 元，另支付交易费用 1 000 元。企业将其划分为交易性金融资产，则其初始入账价值是(　　)元。

A. 201 000　　B. 200 000　　C. 188 000　　D. 189 000

【答案】 C

【解析】 交易性金融资产的成本包括相关资产的公允价值，不含代垫股利和交易费用。所以，该项交易性金融资产的成本为：20 000×(10－0.6)＝188 000 (元)

2. 交易性金融资产的持有期间

(1) 交易性金融资产在持有期间取得的利息或现金股利，应当确认为投资收益。

① 被投资单位宣告现金股利或资产负债表日计提债券利息：

借：应收股利或应收利息
　　贷：投资收益

② 实际收到现金股利或债券利息：

借：其他货币资金等
　　贷：应收股利或应收利息

（2）资产负债表日，交易性金融资产按公允价值计量，公允价值变动计入当期损益。

① 情形一：公允价值高于账面余额：

借：交易性金融资产——公允价值变动
　　贷：公允价值变动损益

② 情形二：公允价值低于账面余额：

借：公允价值变动损益
　　贷：交易性金融资产——公允价值变动

3. 交易性金融资产的出售

处置交易性金融资产时，将处置时金融资产的公允价值与账面余额之间的差额确认为投资收益，同时调整公允价值变动损益。

① 确认售价与账面余额的差额：

借：其他货币资金等　　　　（按实际收到金额）
　　投资收益　　　　　　　（倒挤数，可能贷）
　　贷：交易性金融资产——成本　　（按资产的成本）
　　　　交易性金融资产——公允价值变动（按资产的累计公允价值变动，可能借）

② 转出持有期间的公允价值变动：

借：公允价值变动损益　　　（按资产的累计公允价值变动，可能贷）
　　贷：投资收益

4. 转让金融商品应交增值税

核算要点	分　录	备　注
（1）产生转让收益	借：投资收益等 　贷：应交税费——转让金融商品应交增值税	按（卖出价－买入价）/1.06×6%计算
（2）产生转让损失	借：应交税费——转让金融商品应交增值税 　贷：投资收益等	

【例题2·单项选择题】 某公司于2×19年11月5日从证券市场上购入A公司发行在外的股票200万股作为交易性金融资产，每股支付价款5元，另支付相关费用20万元，2×19年12月31日，这部分股票的公允价值为1 050万元，该公司2×19年12月31日应确认的公允价值变动损益为（　　）万元。

A. 损失50　　B. 收益50　　C. 收益30　　D. 损失30

【答案】 B

【解析】 公允价值变动：1 050－200×5＝50（万元）。

三、债权投资

债权投资属于以摊余成本计量的金融资产。

(一) 核算科目(见表 8-3)

表 8-3　与债权投资核算有关的会计科目

核算科目	科目性质	核算内容
债权投资——成本	资产类	核算债权投资的面值
债权投资——利息调整	资产类	核算债权投资初始确认金额与其面值的差额,以及按照实际利率法分期摊销该差额后的摊余金额
债权投资——应计利息	资产类	核算到期一次还本付息债券利息
债权投资减值准备	资产类	核算债权投资发生减值时计提的减值准备
其他综合收益	所有者权益类	核算直接计入所有者权益的利得和损失

(二) 会计处理

1. 债权投资的取得

债权投资初始确认时,应当按照公允价值和相关交易费用之和作为初始入账金额,实际支付的价款中包含的已到付息期但尚未领取的债券利息,应单独确认为应收项目。

借: 债权投资——成本　　　　(按债券面值)
　　应收利息　　　　　　　　(按代垫利息)
　　贷: 其他货币资金等　　　(按实付金额)
　　　　债权投资——利息调整　(倒挤金额,可能借记)

2. 债权投资的持有期间

企业应当采用实际利率法,按照摊余成本对债权投资进行后续计量。实际利率法,是指按照金融资产或金融负债的实际利率计算其摊余成本及各期利息收入或利息费用的方法。

期末摊余成本=期初摊余成本+本期计提利息-本期收回利息-本期收回本金-本期计提减值准备
=期初摊余成本+利息调整摊销额-本期收回本金-本期计提减值准备

① 债权投资为分期付息、到期一次还本债券投资:

借: 应收利息　　　　　　　　(按面值×票面利率)
　　贷: 投资收益　　　　　　(按摊余成本×实际利率)
　　　　债权投资——利息调整　(倒挤金额,可能借记)

② 债权投资为到期一次还本付息债券投资:

借: 债权投资——应计利息　　(按面值×票面利率)
　　贷: 投资收益　　　　　　(按摊余成本×实际利率)
　　　　债权投资——利息调整　(倒挤金额,可能借记)

3. 债权投资的出售

处置债权投资时,应将所取得的价款与债权投资账面余额之间的差额计入当期损益。如果对债权投资计提了减值准备,还应同时结转减值准备。

【例题 3 · 单项选择题】 2×20 年 1 月 1 日,某公司购入乙公司当日发行的面值总额为 1 000 万元的债券,期限为 5 年,到期一次还本付息,票面利率 8%,支付价款 1 080 万元,另支付相关税费 10 万元,该公司将其划分为债权投资,则取得投资时应记入“债权投资——利息调整"账户金额为(　　)万元。

A. 70　　B. 80　　C. 90　　D. 110

【答案】 C

【解析】 以下为该业务相关的会计分录,应记入"债权投资——利息调整"账户金额为90万元。

借:债权投资——成本　　1 000 000

　　债权投资——利息调整　　90 000

　　贷:银行存款等　　1 090 000

四、其他债权投资和其他权益工具投资

其他债权投资和其他权益工具投资均属于以公允价值计量及其变动计入其他综合收益的金融资产。

(一) 其他债权投资和其他权益工具投资的取得

其他债权投资和其他权益工具投资初始确认时,应当按照公允价值和相关交易费用之和作为初始入账金额,实际支付的价款中包含的已到付息期但尚未领取的债券利息或已宣告但尚未发放的现金股利,应单独确认为应收项目。

1. 其他权益工具投资

借:其他权益工具投资——成本　　(按公允价值和发生的交易费用之和)

　　应收股利　　(已宣告但尚未发放的现金股利)

　　贷:其他货币资金等　　(按实际支付的金额)

2. 其他债权投资

借:其他债权投资——成本　　(按债券的面值)

　　应收利息　　(已到付息期但尚未领取的利息)

　　贷:其他货币资金等　　(按实际支付的金额)

　　　　其他债权投资——利息调整　　(倒挤数,可能在借方)

【例题4·单项选择题】 甲公司于2×19年4月5日从证券市场上购入乙公司发行在外的股票200万股作为其他权益工具投资,每股支付价款4元(含已宣告但尚未发放的现金股利0.5元),另支付相关费用12万元。甲公司其他权益工具投资取得时的入账价值为(　　)万元。

A. 700　　B. 800　　C. 712　　D. 812

【答案】 C

【解析】 其他权益工具投资的成本:200×(4－0.5)＋12＝712(万元)

(二) 其他债权投资和其他权益工具投资的持有期间

其他债权投资和其他权益工具投资持有期间的会计核算主要涉及二部分:一是持有收益的确认;二是资产负债表日反映公允价值变动。

1. 其他债权投资和其他权益工具投资持有期间取得的现金股利或利息,应当确认为投资收益。

① 其他权益工具投资:

借:应收股利

　　贷:投资收益

② 其他债权投资为分期付息、到期一次还本债券投资：

借：应收利息　　　　　　　　　　　　　　　（按面值×票面利率）
　　贷：投资收益　　　　　　　　　　　　　（按摊余成本×实际利率）
　　　　其他债权投资——利息调整　　　　　（倒挤金额，可能借记）

③ 其他债权投资为到期一次还本付息债券投资：

借：其他债权投资——应计利息　　　　　　　（按面值×票面利率）
　　贷：投资收益　　　　　　　　　　　　　（按摊余成本×实际利率）
　　　　其他债权投资——利息调整　　　　　（倒挤金额，可能借记）

2. 资产负债表日，其他债权投资和其他权益工具投资应按公允价值计量，公允价值变动应计入所有者权益。

① 情形一：公允价值高于账面余额。

借：其他债权投资——公允价值变动等
　　贷：其他综合收益

② 情形二：公允价值低于账面余额。

借：其他综合收益
　　贷：其他债权投资——公允价值变动等

3. 其他债权投资和其他权益工具投资的出售

企业出售其他债权投资和其他权益工具投资，应将取得的价款与账面余额之间的差额计入投资收益；同时，将原直接计入所有者权益的公允价值累积变动额转出，计入投资收益。如果其他债权投资和其他权益工具投资计提了减值准备，还应同时结转减值准备。

五、长期股权投资

长期股权投资，是指投资企业能对被投资单位实施控制、重大影响的权益性投资，以及对其合营企业的权益性投资。除此之外，其他权益性投资不作为长期股权投资进行核算，而应当按照《企业会计准则第 22 号——金融工具确认和计量》的规定进行会计核算。

长期股权投资的核算方法有两种：一是成本法；二是权益法。

1. 成本法核算的长期股权投资的范围

企业能够对被投资单位实施控制的长期股权投资，即企业对子公司的长期股权投资。

2. 权益法核算的长期股权投资的范围

企业对被投资单位具有共同控制或者重大影响时，长期股权投资应当采用权益法核算。

长期股权投资的持股比例及核算方法如图 8-1 所示。

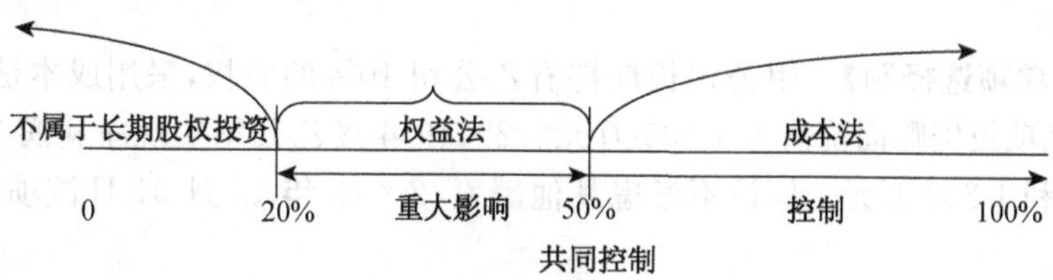

图 8-1　长期股权投资的持股比例及核算方法

【例题 5 · 单项选择题】 下列投资中，不应作为长期股权投资核算的是（ ）。

A. 对子公司的投资

B. 对合营企业的投资

C. 对联营企业的投资

D. 在活跃市场中有报价、公允价值能可靠地计量的没有控制、共同控制或重大影响的权益性投资

【答案】 D

(一) 采用成本法核算的长期股权投资

在成本法下，采用“长期股权投资”科目核算企业持有长期股权投资取得时的成本。

1. 长期股权投资的取得

除企业合并形成的长期股权投资以外，以支付现金取得的长期股权投资，应当按照实际支付的购买价款作为初始投资成本。

借：长期股权投资	（按公允价值和发生的交易费用之和）
应收股利	（已宣告但尚未发放的现金股利）
贷：其他货币资金等	（按实际支付的金额）

2. 长期股权投资持有期间被投资单位宣告分派现金股利或利润

① 被投资单位宣告现金股利时：

借：应收股利	（按投资企业应享有的份额）
贷：投资收益	

② 投资单位收到现金股利时：

借：其他货币资金等
  贷：应收股利

3. 长期股权投资的出售

借：其他货币资金等	（按实际收到金额）
投资收益	（倒挤数，可能贷记）
长期股权投资减值准备	（按已计提的减值准备金额）
贷：长期股权投资	（按资产的成本）

【例题 6 · 单项选择题】 某企业采用成本法核算长期股权投资，被投资单位宣告发放现金股利时，投资企业应按所持股份份额进行的会计处理正确的是（ ）。

A. 冲减投资收益　　　　B. 增加投资收益

C. 冲减长期股权投资　　D. 增加资本公积

【答案】 B

【例题 7 · 单项选择题】 甲公司长期持有乙公司 10% 的股权，采用成本法核算。2×19 年 1 月 1 日，该项投资账面价值为 1 300 万元。2×19 年度乙公司实现净利润 2 000 万元，宣告发放现金股利 1 200 万元。假设不考虑其他因素，2×19 年 12 月 31 日该项投资账面价值为（ ）万元。

A. 1 300　　　　B. 1 380

C. 1 500　　　　D. 1 620

【答案】 A

【解析】 在成本法下，被投资单位实现净利润和宣告现金股利对投资方均无影响，"长期股权投资"只反映初始取得成本。

(二) 采用权益法核算的长期股权投资

与长期股权投资核算有关的会计科目如表 8-4 所示。

表 8-4　与长期股权投资核算有关的会计科目

核算科目	核 算 内 容
长期股权投资——投资成本	核算长期股权投资的初始投资成本以及初始投资成本的调整
长期股权投资——损益调整	核算投资企业应享有或应分担的被投资企业实现的净损益的份额，以及被投资企业分派的现金股利或利润中投资企业应获得的份额
长期股权投资——其他综合收益	核算投资企业应享有或应分担被投资单位实现其他综合收益的份额
长期股权投资——其他权益变动	核算投资企业对于被投资单位除净损益、其他综合收益和利润分配外所有者权益的其他变动，应当按照持股比例计算应享有的份额

1. 长期股权投资的取得

第一，初始投资成本大于应享有被投资单位可辨认净资产公允价值份额时：

长期股权投资的初始投资成本大于投资时应享有被投资单位可辨认净资产公允价值份额的，该部分差额是投资企业在取得投资的过程中通过作价体现出的与所取得股权相对应的商誉的价值，不调整已确认的初始投资成本。

第二，初始投资成本小于应享有被投资单位可辨认净资产公允价值份额时：

长期股权投资的初始投资成本小于投资时应享有被投资单位可辨认净资产公允价值份额的，该部分差额体现为双方在交易作价过程中转让方的让步，该部分经济利益应计入取得长期股权投资当期的营业外收入，同时调增长期股权投资的成本。

借：长期股权投资——投资成本

　　贷：营业外收入

【例题 8 · 单项选择题】 2×19 年 5 月 10 日，某公司以总价款 7 000 万元从二级市场购入乙公司股票 500 万股准备长期持有，占乙公司 30%的股份，对乙公司有重大影响。购入股票时，乙公司可辨认净资产的公允价值为 20 000 万元。甲公司持有长期股权投资的入账价值为(　　)万元。

A. 20 000　　B. 1 000　　C. 7 000　　D. 6 000

【答案】 C

【解析】 长期股权投资的初始投资成本为 7 000 万元，应享有被投资单位可辨认净资产公允价值份额为：20 000×30%＝6 000(万元)，所以初始投资成本大于应享有被投资单位可辨认净资产公允价值份额，长期股权投资的成本不需要调整。

2. 长期股权投资持有期间被投资单位实现净利润或发生净亏损

(1) 被投资单位实现净利润。被投资单位实现净利润时，投资企业应按被投资单位实现的净利润中应享有的份额：

借：长期股权投资——损益调整
　　贷：投资收益

(2) 被投资单位发生净亏损。被投资单位发生净亏损时，投资单位确认的损失应以"长期股权投资"账面价值的份额减记至零为限。还需要承担的投资损失，应将其他实质上构成对被投资单位净投资的"长期应收款"等的账面价值减记至零为限。除按照以上步骤确认的投资损失外，按照投资合同或协议约定将承担的损失，应确认为预计负债。如果经过上列顺序确认应分担的亏损额后，仍有未确认的亏损分担额，投资企业应在备查簿中登记。

① 被投资单位发生亏损时：

借：投资收益
　　贷：长期股权投资——损益调整　　（长期股权投资 4 个明细减记至零为限）
　　　　长期应收款　　（还需承担的损失）
　　　　预计负债　　（按合同或协议约定将承担的损失）

除上述情况仍未确认的应分担被投资单位的损失，应在备查簿中登记。

② 发生亏损的被投资单位以后实现净利润的，应按与上述相反的顺序进行处理，即先弥补备查簿中未确认的应分担被投资单位的损失，再编制分录：

借：预计负债
　　长期应收款
　　长期股权投资——损益调整
　　贷：投资收益

3. 长期股权投资持有期间被投资单位宣告分派现金股利或利润

被投资单位宣告分派现金股利或利润时，投资企业计算应分得的部分：

借：应收股利
　　贷：长期股权投资——损益调整

需要说明的是，被投资方宣告分派股票股利时，投资企业应于除权日在备查簿中记录，只调整持股数量，反映股份的变化情况，不做账务处理。

4. 长期股权投资持有期间被投资单位其他综合收益的变动

长期股权投资持有期间，被投资单位其他综合收益变动的，投资企业按照应享有或应分担的份额：

借：长期股权投资——其他综合收益
　　贷：其他综合收益

或编制相反会计分录。

5. 长期股权投资持有期间被投资单位所有者权益的其他变动

被投资单位除净损益、其他综合收益和利润分配以外所有者权益的其他变动，企业按持股比例计算应享有或应分担的份额：

借：长期股权投资——其他权益变动
　　贷：资本公积——其他资本公积

或编制相反会计分录。

【例题9·单项选择题】 权益法下核算的长期股权投资,会导致投资企业投资收益发生增减变动的是(　　)。

A. 被投资单位实现净利润　　B. 被投资单位提取盈余公积

C. 收到被投资单位分配现金股利　　D. 收到被投资单位分配股票股利

【答案】A

5. 长期股权投资的出售

处置长期投资时,按实际取得的价款与长期股权投资账面价值的差额确认为投资收益,并按相应比例对原计入其他综合收益的部分进行会计处理,同时按比例结转"资本公积——其他资本公积"的相应金额。如果对长期股权投资计提了减值准备,还应同时结转已计提的长期股权投资减值准备。

【例题10·单项选择题】 2×20年1月1日,某公司以1 600万元购入甲公司30%的股份,另支付相关费用8万元,采用权益法核算。取得投资时,甲公司所有者权益的账面价值为5 000万元(与可辨认净资产的公允价值相同)。甲公司2×20年度实现净利润300万元。假定不考虑其他因素,该公司长期股权投资2×20年12月31日的账面余额为(　　)万元。

A. 1 590　　B. 1 598　　C. 1 608　　D. 1 698

【答案】 D

【解析】 长期股权投资的初始取得成本为1 608万元,即"长期股权投资——投资成本"账户余额为1 608万元,甲公司实现净利润,使"长期股权投资——损益调整"账户余额增加:300×30%=90(万元),长期股权投资2×20年12月31日的账面余额为:1 608+90=1 698(万元)。

(三) 长期股权投资减值

资产负债表日如果长期股权投资的账面价值大于应享有被投资单位净资产账面价值的份额,则投资企业应当按照《企业会计准则第8号——资产减值》的规定对长期股权投资进行减值测试,并确定是否计提长期股权投资减值准备。

思考与练习

一、单项选择题

1. 甲公司于2×19年2月20日从证券市场购入A公司股票50 000股,划分为交易性金融资产,每股买价8元,另外支付印花税及佣金4 000元。A公司于2×19年4月10日宣告发放现金股利,每股0.30元。甲公司于2×19年5月20日收到该现金股利15 000元并存入银行。至12月31日,该股票的市价为450 000元。甲公司2×19年对该项金融资产应确认的投资收益为(　)元。

A. 15 000　　B. 11 000　　C. 50 000　　D. 61 000

2. A公司于2×19年7月1日从证券市场购入B公司发行在外的股票15 000股作为其他权益工具投资,每股支付价款10元,另支付相关费用5 000元。2×19年12月31日,这部分股票的公允价值为160 000元,A公司2×19年12月31日计入公允价值变动损益的金额为(　　)元。

A. 0　　B. 收益10 000　　C. 收益5 000　　D. 损失5 000

3. 下列关于其他权益工具投资和其他债权投资会计处理的表述中，不正确的是（ ）。

A. 其他债权投资发生的减值损失应计入当期损益

B. 其他权益工具投资持有期间取得的现金股利，不应冲减资产成本

C. 其他债权投资期末应按摊余成本计量

D. 出售其他债权投资时，应将持有期间确认的相关其他综合收益转入投资收益

4. 甲股份有限公司于2×19年4月1日购入面值为1 000万元的3年期债券并划分为债权投资，实际支付的价款为1 500万元，其中包含已到付息期但尚未领取的债券利息20万元，另支付相关税费10万元。该项债权投资的初始入账金额为（ ）万元。

A. 1 510　　B. 1 490　　C. 1 500　　D. 1 520

5. 甲公司2×20年1月1日购入A公司发行的3年期公司债券，公允价值为10 560.42万元，债券面值10 000万元，每半年付息一次，到期还本，票面利率6%，半年实际利率2%。采用实际利率法摊销，则甲公司2×21年1月1日该债权投资摊余成本为（ ）万元。

A. 10 471.63　　B. 10 381.06　　C. 1 056.04　　D. 1 047.16

6. 采用成本法核算长期股权投资的情况下，被投资企业发生亏损时，投资企业应当（ ）。

A. 借记“投资收益”账户　　B. 借记“资本公积”账户

C. 贷记“长期股权投资”账户　　D. 不作处理

7. 在长期股权投资采用权益法核算时，下列各项中，应当确认投资收益的是（ ）。

A. 被投资企业实现净利润

B. 被投资企业提取盈余公积

C. 收到被投资企业分配的现金股利

D. 收到被投资企业分配的股票股利

8. 下列长期股权投资中，应采用权益法核算的是（ ）。

A. 投资企业对被投资企业无控制、无共同控制且无重大影响

B. 在活跃市场中没有报价、公允价值不能可靠地计量的权益性投资

C. 投资企业能够对被投资单位实施控制的长期股权投资

D. 投资企业对被投资单位具有共同控制或重大影响

9. A公司2×20年1月1日，以1 500万元的价格购入B公司30%的股份，对B公司具有重大影响。B公司2×20年共实现利润500万元，年末宣告分派现金股利130万元。则A公司2×20年年末，应确认对B公司长期股权投资的投资收益为（ ）万元。

A. 50　　B. 13　　C. 63　　D. 150

10. M股份有限公司于2×20年2月30日以每股15元的价格购入某上市公司股票100万股，划分为交易性金融资产，购买该股票支付手续费20万元。6月22日，收到该上市公司按每股1元发放的现金股利。12月31日该股票的市价为每股18元。2×20年12月31日该交易性金融资产的账面价值为（ ）万元。

A. 1 500　　B. 575　　C. 1 800　　D. 1 000

二、多项选择题

1. 对于以摊余成本计量的金融资产，下列各项中，影响摊余成本的有（ ）。

A. 已偿还的本金
B. 初始确认金额与到期日金额之间的差额按实际利率法摊销形成的累计摊销额
C. 已发生的减值损失
D. 取得时所付价款中包含的应收未收利息
2. 关于金融资产的计量，下列说法中，正确的有（ ）。
A. 其他债权投资应当按取得该金融资产的公允价值和相关交易费用之和作为初始确认金额
B. 交易性金融资产应当按照取得时的公允价值和相关的交易费用作为初始确认金额
C. 债权投资在持有期间应当按照摊余成本和实际利率计算确认利息收入，计入投资收益
D. 其他权益工具投资应当按照取得时的公允价值作为初始确认金额，相关的交易费用在发生时计入当期损益
3. 企业发生的下列事项中，可能影响"投资收益"账户金额的有（ ）。
A. 交易性金融资产在持有期间取得的现金股利
B. 取得投资时支付的交易费用
C. 处置权益法核算的长期股权投资时，结转持有期间确认的其他权益变动金额
D. 取得其他债权投资发生的交易费用
4. 长期股权投资采用权益法核算的企业，出现（ ）情况时，投资企业长期股权投资的账面价值应作相应的调整。
A. 投资后被投资单位获得净利润
B. 被投资单位派发现金股利或利润
C. 被投资单位除净损益以外所有者权益的其他变动
D. 投资后被投资单位发生净亏损
E. 被投资单位派发股票股利
5. 下列长期股权投资中，应采用权益法核算的有（ ）。
A. 投资企业能够对被投资单位实施共同控制
B. 在活跃市场中没有报价、公允价值不能可靠地计量的长期股权投资
C. 投资企业拥有被投资单位有表决权股份的比例低于20%
D. 投资企业能够对被投资单位重大影响

三、判断题

1. 企业拥有的可以在市场上出售、但企业准备持有至到期的长期债券投资，应该作为其他债权投资进行管理和核算。 （ ）
2. 其他权益工具投资和交易性金融资产的相同点是都按公允价值进行后续计量，且公允价值变动计入当期损益。 （ ）
3. 会计期期末，如果交易性金融资产的成本高于市价，应该确认交易性金融资产减值损失。 （ ）
4. 长期股权投资采用权益法核算时，长期股权投资的初始成本小于取得投资时应享有被投资单位可辨认净资产公允价值份额的，其差额应计入资本公积，同时调整长期股权投资的账面价值。 （ ）

5. 采用权益法核算长期股权投资，如果被投资企业提取法定盈余公积，投资企业应按持股比例调减长期股权投资的账面价值。 （ ）

四、计算及账务处理题

1. 2×19年5月，甲公司以480万元购入乙公司股票60万股作为交易性金融资产，另支付手续费10万元；2×19年6月30日该股票每股市价为7.5元；2×19年8月10日，乙公司宣告分派现金股利，每股0.20元；8月20日，甲公司收到分派的现金股利。至12月31日，甲公司仍持有该交易性金融资产，期末每股市价为8.5元；2×20年1月3日以515万元出售该交易性金融资产。假定甲公司每年6月30日和12月31日对外提供财务报告。

要求：(1) 编制2×19年5月取得投资的会计分录。

(2) 2×19年6月30日，公允价值变动。

(3) 2×19年8月10日，乙公司宣告分派现金股利。

(4) 2×19年8月20日，甲公司收到分派的现金股利。

(5) 2×19年12月31日，公允价值变动。

(6) 2×20年1月3日，出售投资。

2. 甲公司发生下列长期股权投资业务。

(1) 2×20年1月3日，购入乙公司股票600万股，占乙公司有表决权股份的25%，对乙公司的财务和经营决策具有重大影响，甲公司将其作为长期股权投资核算。每股买入价8元，每股价格中包含已宣告尚未发放的现金股利0.15元，另支付相关税费9万元。款项均以银行存款支付。当日，乙公司所有者权益的账面价值(与其公允价值不存在差异)为18 000万元。

(2) 2×20年3月16日，收到乙公司宣告分派的现金股利。

(3) 2×20年度，乙公司实现净利润3 400万元。

(4) 2×21年2月16日，乙公司宣告分派2×20年度股利，每股分派现金股利0.24元。

(5) 2×21年3月12日，甲公司收到乙公司分派的2×20年度的现金股利。

(6) 2×22年1月4日，甲公司出售所持有的全部乙公司的股票，共取得价款5 520万元(不考虑长期股权投资减值及相关税费)。

要求：根据上述经济业务，编制相应会计分录。

五、不定项选择题

华夏商贸公司为一家上市公司，2×19年持有D公司交易性金融资产的相关资料如下。

(1) 1月1日，华夏商贸公司委托证券公司从二级市场购入D公司股票，支付1 600万元(其中包含已宣告但尚未发放的现金股利40万元)，另支付相关交易费用4万元，取得的增值税专用发票上注明的增值税税额为100万元，华夏商贸公司将其划分为交易性金融资产核算。

(2) 1月5日，收到D公司发放的现金股利40万元并存入银行。

(3) 6月30日，持有D公司股票的公允价值为1 800万元，同日宣告发放上半年股利40万元。

(4) 12月31日，华夏商贸公司将持有的D公司股票全部出售，售价为2 100万元，适用的增值税税率为6%。

要求：根据上述资料，不考虑其他相关因素，分析回答下列问题。(答案中金额单位用万元

表示）

(1) 根据资料(1)，华夏商贸公司购入交易性金融资产的入账金额为(　　)万元。

A. 1 560　　B. 1 600　　C. 1 604　　D. 1 740

(2) 根据资料(2)，华夏商贸公司收到购买价款中包含的现金股利的会计分录正确的是(　　)。

A. 借：银行存款　　40
　　贷：应收股利　　40

B. 借：其他货币资金　　40
　　贷：应收股利　　40

C. 借：银行存款　　40
　　贷：投资收益　　40

D. 借：其他货币资金　　40
　　贷：投资收益　　40

(3) 根据资料(3)，下列会计处理正确的是(　　)。

A. 借记“交易性金融资产—公允价值变动”科目 200 万元

B. 贷记“公允价值变动损益”科目 240 万元

C. 借记“应收股利”科目 40 万元

D. 贷记“投资收益”科目 40 万元

(4) 根据资料(4)，从购入到出售该持有交易性金融资产累计应确认的投资收益金额为(　　)万元。

A. 736　　B. 896　　C. 936　　D. 576

(5) 华夏商贸公司在出售该交易性金融资产时应交增值税的金额为(　　)万元。

A. 28.30　　B. 30　　C. 118.87　　D. 126

第九章 负　　债

本章基本内容框架

- 负债概述
  - 负债的含义及特征
  - 负债的分类
- 流动负债
  - 短期借款
  - 应付票据
  - 应付账款
  - 预收账款
  - 应交税费
  - 应付职工薪酬
  - 应付股利
  - 其他应付款
- 非流动负债
  - 长期借款
  - 应付债券

重点、难点讲解及典型例题

一、负债的含义及特征

负债是指企业过去的交易或者事项形成的、预期会导致经济利益流出企业的现时义务。它和所有者权益一样都是对一个企业的资产提出主张和要求的权利，所以负债和所有者权益统称为“权益”。

负债通常具有以下几个特征。

(1) 负债是基于企业过去交易或事项而产生的。

(2) 负债是企业承担的现时义务，一般是由具有约束力的合同或因法定要求等而产生的。

(3) 负债的清偿预期会导致经济利益流出企业。

二、负债的分类

在商业企业中，负债是一项重要的资金来源。负债按其流动性可以划分为流动负债和非流动负债。

1. 流动负债

流动负债是指预计在一个正常营业周期中清偿，或者主要为交易目的而持有，或者自资产负债表日起 1 年内(含 1 年)到期应予以清偿，或者企业无权自主地将清偿推迟至资产负债表日后1年以上的负债。

商业企业的流动负债主要包括短期借款、应付票据、应付账款、预收账款、应付职工薪酬、应交税费、应付利息、应付股利、其他应付款等。

2. 非流动负债

非流动负债是指流动负债以外的负债，主要是指偿还期在1年以上或超过1年的一个营业周期以上的债务，包括长期借款、应付债券和长期应付款等。

三、短期借款

短期借款是指企业向银行或其他金融机构等借入的期限在1年以下(含1年)的各种借款，通常是为了满足正常生产经营的需要。

企业应通过“短期借款”账户核算短期借款的取得及偿还情况。该账户贷方登记取得借款的本金数额，借方登记偿还借款的本金数额，余额在贷方，表示尚未偿还的短期借款。短期借款的核算一般包括以下几个环节：取得—计息—付息—还本。

(1) 取得。

借：银行存款
　　贷：短期借款

(2) 计息。

① 若短期借款的利息按月计收，或还本付息一次进行，且利息数额不大，则支付利息时：

借：财务费用
　　贷：银行存款

② 若短期借款的利息按季计收，或还本付息一次进行，但利息数额较大，则计提利息时：

借：财务费用
　　贷：应付利息

(3) 付息。

借：财务费用　　【利息尚未计提】
　　应付利息　　【利息已计提】
　　贷：银行存款

(4) 还本。

借：短期借款
　　贷：银行存款

【例题1·单项选择题】 核算短期借款利息时，不会涉及的会计科目是(　　)。

A.“应付利息”　B.“财务费用”　C.“银行存款”　D.“短期借款”

【答案】 D

四、应付票据

应付票据是指企业购买材料、商品和接受劳务供应等而开出、承兑的商业汇票。商业汇票是指收款人或付款人(或承兑申请人)签发,由承兑人承兑,并于到期日向收款人或被背书人支付款项的票据。

商业汇票按承兑人不同分为商业承兑汇票和银行承兑汇票。

商业汇票按是否带息,分为带息票据和不带息票据。

企业应设置"应付票据"账户,核算应付票据的发生、偿付情况。本账户贷方登记开出、承兑汇票的面值及带息票据的预提利息,借方登记到期支付票据的金额,余额在贷方,表示企业持有的尚未到期的应付票据的票面金额。

应付票据的核算一般包括以下几个环节:取得—计息—偿还—转销。

(1) 取得。

借:库存商品等
　应交税费——应交增值税(进项税额)
　贷:应付票据

开具银行承兑汇票时需要支付的银行承兑汇票手续费:

借:财务费用
　贷:银行存款

(2) 计息。

借:财务费用
　贷:应付票据

(3) 偿还。

借:应付票据
　贷:银行存款

(4) 转销。

① 商业承兑汇票到期无力偿还时:

借:应付票据
　贷:应付账款

② 银行承兑汇票到期无力偿还时:

借:应付票据
　贷:短期借款

【例题 2 · 判断题】 企业无力支付到期的银行承兑汇票,应将应付票据的账面余额转作为应付账款。 ( )

【答案】 错

五、应付账款

应付账款是指企业因购买材料、商品或接受劳务供应等经营活动应支付的款项。

企业应设置"应付账款"账户,核算应付账款的发生、偿还及转销情况。本账户贷方登记应付账款的发生,借方登记应付账款的偿还或转销,余额一般在贷方,表示企业尚未支付的应付账款余额。特殊情况下也可能存在借方余额，表示预付账款的结余数。本账户一般应按照债权人设置明细账户进行明细核算。

应付票据的核算一般包括以下几个环节：发生—偿还—转销。

（1）发生。

借：库存商品等
　　应交税费——应交增值税（进项税额）
　　贷：应付账款

应付账款附有现金折扣的，应按照扣除现金折扣前的应付账款总额入账。因在折扣期限内付款而获得的现金折扣，应在偿付应付账款时冲减财务费用。

（2）偿还。

借：应付账款
　　贷：银行存款

（3）转销。

借：应付账款
　　贷：营业外收入

【例题3·单项选择题】 企业发生赊购商品业务，下列各项中，不影响应付账款入账金额的是（ ）。

A. 商品价款　　B. 增值税进项税额
C. 现金折扣　　D. 销货方代垫运杂费

【答案】 C

六、预收账款

预收账款是指企业按照合同规定向购货单位预收的款项。

企业应通过“预收账款”账户，核算预收账款的取得、偿付等情况。本账户的贷方登记按照合同规定预收的款项，借方登记按照合同规定销售商品或提供劳务。“预收账款”账户期末余额一般在贷方，反映企业向购货单位预收款项但尚未向购货方发货的数额。如为借方余额，表示购货单位应补付给本企业的款项。企业应当按照购货单位设置明细账户进行明细核算。对于预收账款业务不多的企业，也可以不设“预收账款”账户，而将其记入“应收账款”账户的贷方，但期末在资产负债表上应分开列示。

企业采用预收款方式销售商品或提供劳务的过程分为三步：收款—销售—多退少补。

（1）收款。

借：银行存款
　　贷：预收账款

（2）销售商品或提供劳务。

借：预收账款
　　贷：主营业务收入
　　　　应交税费——应交增值税（销项税额）

(3) 收到对方补付款或退回多余价款。

① 如果购货单位预付账款金额不足支付：

借：银行存款

　　贷：预收账款

② 如果购货单位预付账款金额超过供货企业提供商品或劳务的价值：

借：预收账款

　　贷：银行存款

【例题 4·单项选择题】 预收账款情况不多的企业，可以不设"预收账款"账户，而将预收的款项直接记入的账户是（　　）。

A. "应收账款"　　B. "预付账款"　　C. "其他应付款"　　D. "应付账款"

【答案】 A

七、应交税费

应交税费是指企业对一定时期内取得的营业收入及实现的利润按照现行税法规定，采用一定的计税方法计算应缴的各项税费。这些税费在尚未上缴之前暂时留在企业，但应按照权责发生制原则进行确认、计量，从而形成一项负债。

应交税费包括企业依法缴纳的增值税、消费税、城市维护建设税、资源税、企业所得税、土地增值税、房产税、城镇土地使用税、车船税、教育费附加、矿产资源补偿费等税费，以及在上缴国家之前，由企业代收代缴的个人所得税等。其会计处理详见本书十一章有关内容。

八、应付职工薪酬

(一) 职工薪酬的内容

职工薪酬是指企业为获得职工提供的服务或解除劳动关系而给予的各种形式的报酬或补偿。职工薪酬包括短期薪酬、离职后福利、辞退福利和其他长期职工福利。企业提供给职工配偶、子女、受赡养人、已故员工遗属及其他受益人等的福利，也属于职工薪酬。

主要包括三类人员：

(1) 订立劳动合同的所有人员，含全职、兼职和临时职工；

(2) 未订立劳动合同、但由企业正式任命的企业治理层和管理层人员；

(3) 为企业提供与职工类似服务的人员。

职工薪酬的内容如下。

(1) 短期薪酬，具体内容如表 9-1 所示。

表 9-1　短期薪酬的内容

组　成	具体内容
工资、奖金、津贴和补贴	计时工资、计件工资、奖金、津贴、物价补贴
职工福利费	职工生活困难补助、丧葬补助费、抚恤金、安家费、防暑降温费
三险	医疗保险、工伤保险和生育保险等社会保险费

（续表）

组 成	具体内容
一金	住房公积金
两费	工会经费和职工教育经费
短期带薪缺勤	职工虽缺勤但仍向其支付的报酬，包括年休假、病假、婚假、产假、丧假、探亲假
短期利润分享计划	因职工提供服务而与职工达成的基于利润或其他经营成果提供薪酬的协议
非货币性福利	将产品或外购商品作为福利发放给职工；无偿提供住房、租赁资产供职工使用

（2）离职后福利。

离职后福利是指企业为获得职工提供的服务而在职工退休或与企业解除劳动关系后，提供的各种形式的报酬和福利，短期薪酬和辞退福利除外。离职后福利计划分类为设定提存计划和设定受益计划。

设定提存计划是指向独立的基金缴存固定费用后，企业不再承担进一步支付义务的离职后福利计划。养老保险费和失业保险费属于设定提存计划。

设定受益计划是指除设定提存计划以外的离职后福利计划。

（3）辞退福利。

辞退福利是指企业在职工劳动合同到期之前解除与职工的劳动关系，或者为鼓励职工自愿接受裁减而给予职工的补偿。

（4）其他长期职工福利。

其他长期职工福利是指除短期薪酬、离职后福利、辞退福利之外所有的职工薪酬，包括长期带薪缺勤、长期残疾福利、长期利润分享计划等。

【例题5·多项选择题】 下列各项中，应确认为应付职工薪酬的有（　　）。

A. 非货币性福利　　B. 社会保险费和辞退福利

C. 职工工资、福利费　　D. 工会经费和职工教育经费

【答案】 ABCD

（二）应付职工薪酬的科目设置

“应付职工薪酬”科目应当按照“工资、奖金、津贴和补贴”“职工福利费”“非货币性福利”“社会保险费”“住房公积金”“工会经费和职工教育经费”“带薪缺勤”“利润分享计划”“设定提存计划”“设定受益计划义务”“辞退福利”等应付职工薪酬项目设置明细科目，进行明细核算。

（三）短期薪酬的核算

1. 货币性职工薪酬

（1）工资、奖金、津贴和补贴。

计提时应编制会计分录：

借：管理费用
　　生产成本
　　制造费用
　　劳务成本等
　　贷：应付职工薪酬——工资、奖金、津贴和补贴

支付时应编制会计分录：

借：应付职工薪酬——工资、奖金、津贴和补贴
　贷：银行存款
　　库存现金
　　其他应收款　　　　　　　（扣还代垫的各种款项）
　　应交税费——应交个人所得税　（代扣个人所得税）
　　其他应付款　　　　　　　（扣除职工个人负担的社会保险费和住房公积金）

（2）职工福利费。

计提时应编制会计分录：

借：管理费用
　生产成本
　制造费用
　劳务成本等
　贷：应付职工薪酬——职工福利费

支付时应编制会计分录：

借：应付职工薪酬——职工福利费
　贷：银行存款
　　库存现金等

（3）国家规定计提标准的职工薪酬。

对于国家规定计提基础和计提比例的社会保险费和住房公积金，以及按规定提取的工会经费和职工教育经费：

借：管理费用
　生产成本
　制造费用
　劳务成本等
　贷：应付职工薪酬——×××

（4）短期带薪缺勤。

对于职工带薪缺勤，企业应当根据其性质及职工享有的权利，分别累计带薪缺勤和非累计带薪缺勤两类。

① 累积带薪缺勤是指带薪权利可以结转下期的带薪缺勤，本期尚未用完的带薪缺勤权利可以在未来期间使用。企业应当在职工提供了服务从而增加了其未来享有的带薪缺勤权利时：

借：管理费用
　贷：应付职工薪酬——带薪缺勤——短期带薪缺勤——累积带薪缺勤

② 非累积带薪缺勤是指带薪权利不能结转下期的带薪缺勤，本期尚未用完的带薪缺勤权利将予以取消，并且职工离开企业时也无权获得现金支付。我国企业职工休婚假、产假、丧假、探亲假、病假期间的工资通常属于非累积带薪缺勤。

企业确认职工享有的与非累积带薪缺勤权利相关的薪酬，视同职工出勤确认的当期损益或相关资产成本，不必额外作相应的账务处理。

2. 非货币性职工薪酬

(1) 企业以其自产产品作为非货币性福利发放给职工。

企业以其自产产品作为非货币性福利发放给职工的，应当根据受益对象，按照该产品的公允价值和相关税费，计入相关资产成本或当期损益。

借：管理费用
　　生产成本
　　制造费用
　　劳务成本等
　　贷：应付职工薪酬——非货币性福利

企业实际将产品发放给职工时，应当视同商品销售，确认销售收入，结转销售成本及相关税费。

① 确认收入：

借：应付职工薪酬——非货币性福利
　　贷：主营业务收入
　　　　应交税费——应交增值税（销项税额）

② 结转产品成本：

借：主营业务成本
　　贷：库存商品

【例题 6·单项选择题】 某饮料生产企业为增值税一般纳税人，年末将本企业生产的一批饮料发放给职工作为福利。该饮料市场售价为 12 万元（不含增值税），增值税适用税率为 13%，实际成本为 10 万元。假定不考虑其他因素，该企业应确认的应付职工薪酬为（　　）万元。

A. 10　　　　B. 11.7

C. 12　　　　D. 13.56

【答案】 D

【解析】 将自产产品用于职工福利，要确认收入并计算增值税销项税额，所以应确认的应付职工薪酬为：12＋12×13%＝13.56（万元）。

(2) 将企业拥有的房屋等资产无偿提供给职工使用。

企业将拥有的房屋等资产无偿提供给职工使用的，应当根据受益对象，按照该住房每期应计提的折旧计入相关资产成本或当期损益，同时确认应付职工薪酬。

借：管理费用
　　生产成本
　　制造费用
　　劳务成本等
　　贷：应付职工薪酬——非货币性福利

同时，

借：应付职工薪酬——非货币性福利

贷：累计折旧

(3) 租赁住房等资产供职工无偿使用的。

企业租赁住房等资产供职工无偿使用的，应当根据受益对象，将每期应付的租金计入相关资产成本或当期损益，并确认应付职工薪酬。

借：管理费用

生产成本

制造费用

劳务成本等

贷：应付职工薪酬——非货币性福利

同时，

借：应付职工薪酬——非货币性福利

贷：银行存款等

(四) 设定提存计划

对于设定提存计划，企业应当根据在资产负债表日为换取职工在会计期间提供的服务而应向单独主体缴存的提存金计入相关资产成本或当期损益，并确认应付职工薪酬。

借：管理费用

生产成本

制造费用

劳务成本等

贷：应付职工薪酬——设定提存计划

九、应付股利

应付股利是指企业根据股东大会或类似机构审议批准的利润分配方案确定分配给投资者的现金股利或利润。在实际未支付给投资者之前，形成企业的负债。

① 企业根据股东大会或类似机构审议批准的利润分配方案，确认应付现金股利或利润时：

借：利润分配——应付现金股利或利润

贷：应付股利

② 向投资者实际支付股利或利润时：

借：应付股利

贷：银行存款

需要注意：

(1) 企业董事会或类似机构通过的利润分配方案中拟分配的现金股利或利润，不作账务处理，不作应付股利核算，但应在附注中披露；

（2）企业分配的股票股利也不构成企业的负债，它只会引起所有者权益内部结构的变化，不会引起企业资产和负债的增减，因此不通过“应付股利”账户核算。

【例题7·判断题】 企业股东大会审议批准的利润分配方案中应分配的现金股利，在支付前不作账务处理，但应在报表附注中披露。（　）

【答案】 错

十、其他应付款

其他应付款是指企业除应付票据、应付账款、预收账款、应付职工薪酬、应交税费、应付股利等经营活动以外的其他各项应付、暂收的款项，如应付租入包装物租金、存入保证金等。

【例题8·多项选择题】 下列各项中，应计入其他应付款的有（　）。

A. 存入保证金　　B. 应付销货方代垫的运杂费

C. 应付租入包装物租金　　D. 到期无力支付的商业承兑汇票

【答案】 AC

十一、长期借款

长期借款是指企业向银行或其他金融机构借入的期限在1年以上（不含1年）的各种借款。

企业应通过“长期借款”科目，核算长期借款的借入、归还等情况。该科目可按照贷款单位和贷款种类设置明细账，分别“本金”“应计利息”“利息调整”等进行明细核算。该科目的贷方登记长期借款本息的增加额，借方登记本息的减少额，贷方余额表示企业尚未偿还的长期借款的本金和利息。

长期借款的核算包括长期借款的取得、利息费用的确认和长期借款的归还三个环节。

1. 长期借款的取得

借：银行存款　　（实际收到的金额）
　　长期借款——利息调整　　（如存在差额）
　　贷：长期借款——本金　　（合同金额）

2. 长期借款利息的确认

长期借款利息费用应当在资产负债表日按照实际利率法计算确定：

① 属于筹建期间的，计入管理费用；

② 属于生产经营期间的，计入财务费用；

③ 如果长期借款用于购建固定资产的，在固定资产尚未达到预定可使用状态前，所发生的应当资本化的利息支出数，计入在建工程成本；固定资产达到预定可使用状态后发生的利息支出，以及按规定不予资本化的利息支出，计入财务费用。

借：财务费用/在建工程等　　（按实际利率法计算的利息费用）
　　贷：长期借款——应计利息　　（或应付利息）
　　　　　　　　——利息调整　　（差额）

3. 长期借款的归还

企业归还长期借款的本金时：

借：长期借款——本金
　　贷：银行存款

归还的利息：

借：长期借款——应计利息　　　　　　　　　　　　　　（或应付利息）
　　贷：银行存款

【例题9·单项选择题】 企业每期期末计提、一次还本付息的长期借款利息，对其中应当予以资本化的部分，下列会计处理中，正确的是（　　）。

A. 借记"财务费用"账户，贷记"长期借款"账户

B. 借记"财务费用"账户，贷记"应付利息"账户

C. 借记"在建工程"账户，贷记"长期借款"账户

D. 借记"在建工程"账户，贷记"应付利息"账户

【答案】 C

十二、应付债券

应付债券是指企业为筹集（长期）资金而发行的债券。债券发行有面值发行、溢价发行和折价发行三种情况：

票面利率＞市场利率：溢价发行

票面利率＝市场利率：面值发行

票面利率＜市场利率：折价发行

企业应设置"应付债券"账户，并在该账户下设置"面值""利息调整""应计利息"等明细账户，核算应付债券发行、计提利息费用、还本付息等情况。该账户贷方登记应付债券的本金和利息，借方登记归还的债券本金和利息，期末贷方余额表示企业尚未偿还的长期债券。

（1）发行债券。

借：银行存款　　　　　　　　　　　　（实际收到的金额）
　　应付债券——利息调整　　　　　　（按两者的差额，可能在贷方）
　　贷：应付债券——面值　　　　　　（按债券面值）

（2）债券利息的确认。

借：在建工程等　　　　　　　　　　　（按实际利率法计算的利息费用）
　　贷：应付债券——应计利息　　　　（或应付利息）
　　　　　　　　——利息调整　　　　（按两者的差额，可能在借方）

（3）债券的归还。

企业归还债券面值时：

借：应付债券——面值
　　贷：银行存款

归还的利息：

借：应付债券——应计利息　　　　　　（或应付利息）
　　贷：银行存款

【例题10·单项选择题】 某企业于2×19年7月1日按面值发行5年期、到期一次还本付息的公司债券，该债券面值总额8 000万元，票面年利率为4%，自发行日起计息。假定票面利率与实际利率一致，不考虑相关税费，2×20年12月31日该应付债券的账面余额为（ ）万元。

A. 8 000　　B. 8 160　　C. 8 320　　D. 8 480

【答案】 D

【解析】 债券是按面值发行的，所以不存在“利息调整”明细科目，只有“面值”和“应计利息”两个明细科目。其中：“面值”为8 000万元，“应计利息”为：8 000×4%×1.5＝480（万元）。应付债券的账面余额为：8 000＋480＝8 480（万元）

思考与练习

一、单项选择题

1. 下列各项中，对企业在生产经营期间的资产负债表日，按合同利率计算的短期借款利息费用的会计处理正确的是（ ）。

A. 借记“财务费用”账户，贷记“短期借款”账户

B. 借记“财务费用”账户，贷记“其他应付款”账户

C. 借记“财务费用”账户，贷记“应付利息”账户

D. 借记“短期借款”账户，贷记“应付利息”账户

2. 预收货款业务不多的企业，可以不设置“预收账款”科目，其所发生的预收货款，可以通过（ ）核算。

A. “应收账款”账户借方　　B. “应付账款”账户借方

C. “应收账款”账户贷方　　D. “应付账款”账户贷方

3. 企业发生赊购商品业务，下列各项中，不影响应付账款入账金额的是（ ）。

A. 商品价款　　B. 增值税进项税额

C. 现金折扣　　D. 销货方代垫运杂费

4. A公司为高管租赁公寓免费使用，按月以银行存款支付。应编制的会计分录为（ ）。

A. 借记“管理费用”账户，贷记“银行存款”账户

B. 借记“管理费用”账户，贷记“应付职工薪酬”账户

C. 借记“管理费用”账户，贷记“应付职工薪酬”账户；同时借记“应付职工薪酬”账户，贷记“银行存款”账户

D. 借记“资本公积”账户，贷记“银行存款”账户；同时借记“应付职工薪酬”账户，贷记“资本公积”账户

5. 某企业于2×19年7月1日按面值发行5年期、到期一次还本付息的公司债券，该债券面值总额8 000万元，票面年利率为4%，自发行日起计息。假定票面利率与实际利率一致，不考虑相关税费，2×20年12月31日该应付债券的账面余额为（ ）万元。

A. 8 000　　B. 8 160　　C. 8 320　　D. 8 480

6. 假设企业每月月末计提利息，企业每季度末收到银行寄来的短期借款利息付款通知单时，应贷记（ ）账户。

A. “库存现金” B. “银行存款” C. “财务费用” D. “应付利息”

7. 某企业作为福利为高级管理人员配备汽车，对这些汽车计提折旧时，应编制的会计分录为（ ）。

A. 借记“累计折旧”账户，贷记“固定资产”账户

B. 借记“管理费用”账户，贷记“固定资产”账户

C. 借记“管理费用”账户，贷记“应付职工薪酬”账户；同时，借记“应付职工薪酬”账户，贷记“累计折旧”账户

D. 借记“管理费用”账户，贷记“固定资产”账户；同时，借记“应付职工薪酬”账户，贷记“累计折旧”账户

8. 某公司向职工发放自产的加湿器作为福利，该产品的成本为每台150元，计税价格为200元，增值税税率为13%。共有职工500人，每人发放一台。则计入该公司应付职工薪酬的金额为（ ）元。

A. 113 000 B. 75 000 C. 100 000 D. 92 000

9. 甲公司为增值税一般纳税人，适用的增值税税率为13%。年末将20台本企业自产的空调作为福利发给本企业职工，该空调的生产成本为1 000元/台，市场售价为2 000元/台（不含增值税）。则甲公司实际发放时应计入应付职工薪酬借方的金额为（ ）元。

A. 40 000 B. 23 400 C. 43 400 D. 45 200

10. 下列各项关于应付票据的利息核算的说法中，正确的是（ ）。

A. 通过“应付利息”账户核算 B. 通过“应付票据”账户核算

C. 通过“应付账款”账户核算 D. 通过“其他应付款”账户核算

二、多项选择题

1. 下列各项中，属于流动负债的有（ ）。

A. 预收账款 B. 其他应付款

C. 预付账款 D. 一年内到期的非流动负债

2.下列各项中，应通过“其他应付款”账户核算的有（ ）。

A. 应付的租入包装物租金 B. 应交的教育费附加

C. 应付的客户存入保证金 D. 应付的经营租入固定资产租金

3. 下列各项中，不应通过“其他应付款”账户核算的有（ ）。

A. 应交教育费附加 B. 应付销售人员工资

C. 应付现金股利 D. 应付租入包装物租金

4. 甲公司为增值税一般纳税人，适用的增值税税率为13%。2×19年12月，甲公司董事会决定将本公司生产的100件产品作为福利发放给100名管理人员，该批产品单件成本为1.2万元，市场销售价格为每件2万元（不含增值税），不考虑其他相关税费。则下列有关会计处理的表述中，正确的有（ ）。

A. 应计入管理费用的金额为226万元

B. 确认主营业务收入200万元

C. 确认主营业务成本120万元

D. 不通过“应付职工薪酬”科目核算

三、判断题

1. 企业为职工缴纳的基本养老保险金、补充养老保险费，以及为职工购买的商业养老保险，均属于企业提供的职工薪酬。 （ ）

2. 应付账款附有现金折扣的，应按照扣除现金折扣前的应付账款总额入账。因在折扣期限内付款而获得的现金折扣，应在偿付应付账款时冲减财务费用。 （ ）

3. 预收账款不多的企业，可以不设置“预收账款”账户。企业预收客户货款时，直接将其记入“应收账款”账户的借方。 （ ）

4. 企业根据股东大会或类似机构审议批准的利润分配方案，应确认为负债。 （ ）

四、计算及账务处理题

甲公司为增值税一般纳税人，适用的增值税税率为13%。2×19年10月的交易或事项如下：

(1) 对行政管理部门使用的设备进行日常维修，应付企业内部维修人员工资6万元。

(2) 为公司总部下属25位部门经理每人配备汽车一辆免费使用，假定每辆汽车每月计提折旧0.4万元。

(3) 月末，分配职工工资850万元，其中直接生产产品人员工资625万元，车间管理人员工资75万元，企业行政管理人员工资100万元，专设销售机构人员工资50万元。

(4) 将本公司生产的液晶电视作为福利发放给职工，其中生产工人100名，行政管理人员20名，销售人员50名。每台电视的市场销售价格为1万元，实际成本为0.7万元。

(5) 按规定计算代扣代缴职工个人所得税4万元。

(6) 以现金支付职工王某生活困难补助5万元。

(7) 从应付李经理的工资中，扣回上月代垫的应由其本人负担的医疗费4万元。

要求：编制甲公司2×19年10月上述交易或事项(1)～(7)的会计分录(“应交税费”科目要求写出明细科目和专栏名称，答案中的金额单位用万元表示)。

五、案例分析题

甲股份有限公司2×19年发生关于职工薪酬的一项以下经济业务。

2×19年，董事会决议将公司生产的一批C商品作为职工福利发放给部分员工。该批C商品的成本为3 000元/件，市场售价为4 000元/件。受该项福利计划影响的员工包括：中高层管理人员200人、企业正在进行的某研发项目相关人员50人，甲公司向上述员工每人发放1件C商品。研发项目已进行至后期开发阶段，甲公司预计能够形成无形资产，至2×19年12月31日，该研发项目仍在进行中。

甲公司进行的会计处理如下：

借：管理费用 75 000

  贷：库存商品 75 000

要求：判断甲公司的会计处理是否正确，并说明理由。若甲公司会计处理不正确，编制正确的会计分录。

第十章　所有者权益

本章基本内容框架

- 所有者权益概述
  - 所有者权益的含义
  - 所有者权益的分类
  - 所有者权益的特征
- 实收资本
  - 实收资本概述
  - 实收资本的会计处理
- 资本公积
  - 资本公积概述
  - 资本公积的会计处理
- 其他综合收益
  - 其他综合收益概述
  - 其他综合收益的会计处理
- 留存收益
  - 留存收益概述
  - 盈余公积的会计处理
  - 未分配利润的会计处理

重点、难点讲解及典型例题

一、所有者权益的含义

所有者权益是企业资产扣除负债后由所有者享有的剩余权益，又称股东权益或净资产。所有者权益来源于所有者投入的资本、直接计入所有者的利得和损失、留存收益、其他资本公积等内容。

二、所有者权益的分类

所有者权益按其构成可分为投入资本、资本公积、其他综合收益和留存收益四部分，如图10-1所示。

三、所有者权益的特征

所有者权益与债权人权益比较，一般具有以下三个基本特征。

(1) 所有者权益在企业经营期内可供企业长期持续使用，一般不需要返还给投资者，是企业的一项长期资金来源；而负债则需按期返还给债权人，成为企业的负担。

(2) 企业所有者凭其对企业投入的资本，可以参与企业的利润分配和经营管理；而债权人只享有按期收回本金和利息的权利，无权参与企业的利润分配和经营管理。

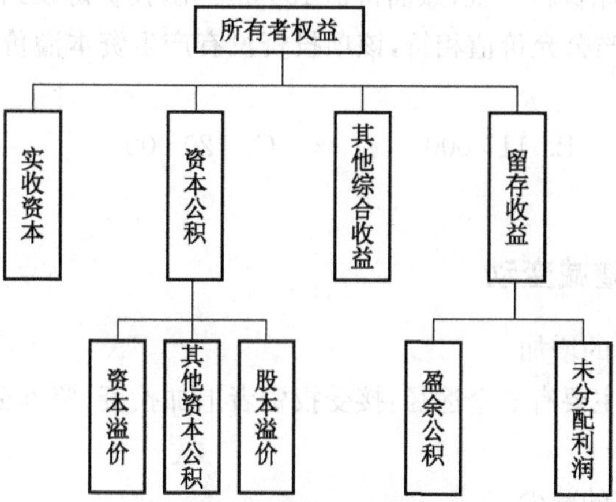

图 10-1 所有者权益的构成

(3) 在企业破产清算时，负债具有优先求偿权；而所有者权益必须在清偿完所有的负债后才能返还给投资者。

四、接受现金资产投资

1. 股份有限公司以外的企业接受现金资产投资

借：银行存款等	（实收款项）
贷：实收资本——×××	（投资在注册资本中所占份额）
资本公积——资本溢价	（差额）

2. 股份有限公司接受现金资产投资

借：银行存款等	（实收款项）
贷：股本	（面值×股数）
资本公积——股本溢价	（差额）

五、接受非现金资产投资

1. 接受投入实物资产

借：库存商品等	（按投资合同或协议约定的价值）
应交税费——应交增值税（进项税额）	（按可以抵扣的进项税额）
贷：实收资本	（投资在注册资本中所占份额）
资本公积——资本溢价	（差额）

2. 接受投入无形资产

借：无形资产	（按投资合同或协议约定的价值）
贷：实收资本	（投资在注册资本中所占份额）
资本公积——资本溢价	（差额）

【例题 1 · 单项选择题】 A、B 公司均为增值税一般纳税人，增值税税率为 13%。A 公司

接受B公司投资转入的原材料一批，账面价值100 000元，投资协议约定的价值120 000元，假定投资协议约定的价值与公允价值相符，该项投资没有产生资本溢价。甲公司实收资本应增加(　　)元。

A. 100 000　　B. 117 000　　C. 120 000　　D. 135 600

【答案】 D

六、实收资本的增减变动

1. 实收资本或股本的增加

一般企业增加资本主要有三个途径：接受投资者追加投资；资本公积转增资本；盈余公积转增资本。

2. 实收资本或股本的减少

企业减少实收资本应按法定程序报经批准，股份有限公司采用收购本公司股票方式减资。股份有限公司通过回购股票的方式减资，应通过“库存股”科目核算回购股份的金额。

(1) 回购本公司股票时。

借：库存股
　贷：银行存款

(2) 注销本公司股票时。

① 如果购回股票支付的价款高于面值总额：

借：股本
　资本公积——股本溢价
　盈余公积　（资本公积账户余额不足冲减时）
　利润分配——未分配利润　（盈余公积账户余额不足冲减时）
　贷：库存股

② 如果购回股票支付的价款低于面值总额：

借：股本
　贷：库存股
　　资本公积——股本溢价

七、资本溢价

除股份有限公司外的其他类型的企业，在企业创立时，投资者认缴的出资额与注册资本一致，一般不会产生资本溢价。但在企业重组或有新的投资者加入时，常常会出现资本溢价。

【例题2·单项选择题】 A有限责任公司由两位投资者投资200万元设立，每人各出资100万元。1年后，为扩大经营规模，经批准，A有限责任公司注册资本增加到300万元，并引入第三位投资者加入。按照投资协议，新投资者需缴入现金120万元，同时享有该公司1/3的股份。A有限责任公司已收到该现金投资。假定不考虑其他因素，A有限责任公司接受第三位投资者时应确认的资本公积为(　　)万元。

A. 110　　B. 100　　C. 20　　D. 200

【答案】 C

八、股本溢价

股份有限公司在成立时可能会溢价发行股票，因而在成立之初，就可能会产生股本溢价。

发行股票相关的手续费、佣金等交易费用：①如果是溢价发行股票的，应从溢价中抵扣，冲减资本公积（股本溢价）。②无溢价发行股票或溢价金额不足以抵扣的，应将不足抵扣的部分冲减盈余公积和未分配利润。

【例题 3 · 判断题】 企业溢价发行股票发生的手续费、佣金应从溢价中抵扣，溢价金额不足抵扣的调整留存收益。 （ ）

【答案】 对

九、其他资本公积

企业对某被投资单位的长期股权投资采用权益法核算的，在持股比例不变的情况下，对因被投资单位除净损益、其他综合收益、利润分配以外的所有者权益的其他变动，应按持股比例计算其应享有或应分担的被投资单位所有者权益的增减份额。在处置长期股权投资时，应转销与该笔投资相关的其他资本公积。

十、其他综合收益

其他综合收益是指直接计入所有者权益的利得和损失。

利得和损失包括直接计入所有者权益的利得和损失，以及直接计入当期损益的利得和损失。直接计入当期损益的利得和损失主要包括营业外收入和营业外支出等，直接计入所有者权益的利得和损失主要指其他综合收益，具体如图 10-2 所示。

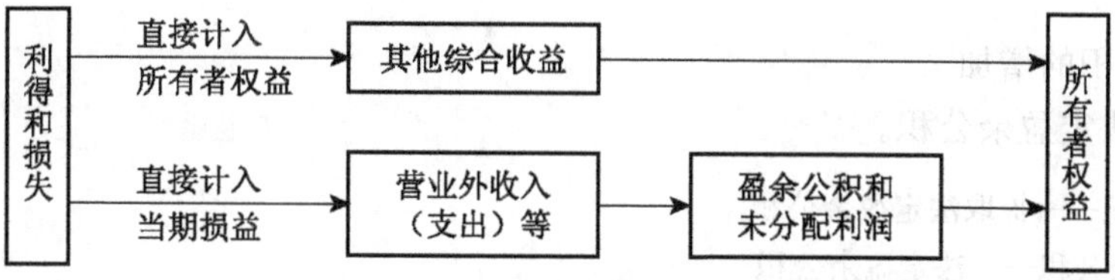

图 10-2 利得与损失

其他综合收益主要由以下交易或事项引起。

（1）采用权益法核算的长期股权投资，被投资单位其他综合收益变动的。

借：长期股权投资——其他综合收益
　　贷：其他综合收益

或编制相反的会计分录。

（2）其他债权投资和其他权益工具投资公允价值的变动。

借：其他债权投资——公允价值变动（或其他权益工具投资——公允价值变动）
　　贷：其他综合收益

或编制相反的会计分录。

(3) 投资性房地产的转换差额。

自用房地产或存货转换为采用公允价值模式计量的投资性房地产时，转换日的公允价值小于原账面价值的，其差额计入当期损益；转换日的公允价值大于原账面价值的，其差额作为其他综合收益，计入所有者权益。

【例题 4 · 判断题】 长期股权投资采用权益法核算的，在持股比例不变的情况下，被投资单位除净损益、其他综合收益和利润分配以外所有者权益的其他变动，企业按持股比例计算应享有的份额，借记或贷记"长期股权投资——其他权益变动"账户，贷记或借记"资本公积——资本溢价或股本溢价"账户。（　　）

【答案】 错

【解析】 应贷记或借记"资本公积——其他资本公积"账户。

十一、留存收益概述

留存收益是指企业从历年实现的利润中提取或形成的留存于企业的内部积累，包括盈余公积和未分配利润。盈余公积属于已拨定留存收益，盈余公积经批准可用于弥补亏损、转增资本、发放现金股利或利润等；未分配利润属于未拨定留存收益，企业对未分配利润的使用有较大的自主权。留存收益的构成如图 10-3 所示。

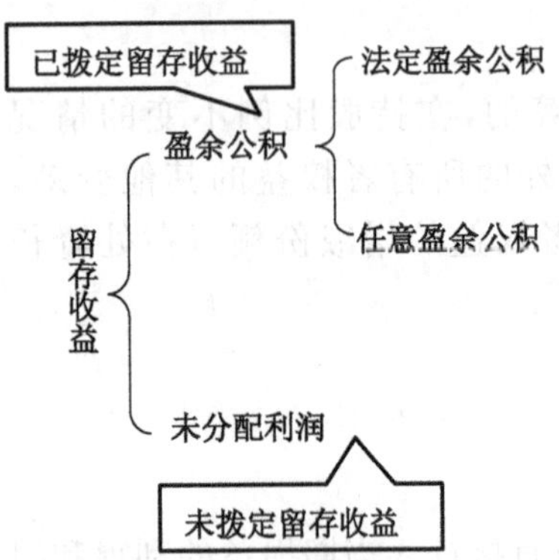

图 10-3　留存收益的构成

十二、盈余公积

盈余公积来源于企业当年实现的净利润。盈余公积属于已拨定留存收益，其主要用途是弥补亏损、转增资本、发放现金股利或利润。

1. 盈余公积的增加

(1) 提取法定盈余公积。

借：利润分配——提取法定盈余公积
　　贷：盈余公积——法定盈余公积

(2) 提取任意盈余公积。

借：利润分配——提取任意盈余公积
　　贷：盈余公积——任意盈余公积

2. 盈余公积的用途

(1) 弥补亏损。

借：盈余公积
　　贷：利润分配——盈余公积补亏

(2) 转增资本。

借：盈余公积
　　贷：实收资本/股本

(3) 发放现金股利或利润。

借：盈余公积
　贷：应付股利

【例题 5 · 单项选择题】 某企业盈余公积年初余额为 50 万元，本年利润总额为 600 万元，所得税费用为 150 万元，按净利润的 10%提取法定盈余公积，并将盈余公积 10 万元转增资本。该企业盈余公积年末余额为(　　)万元。

A. 40　　B. 85　　C. 95　　D. 110

【答案】 B

十三、未分配利润

(一) 利润的形成

1. 利润的构成

利润是指企业在一定会计期间各项收入抵偿各项支出后的经营成果。从狭义的收入、费用来看，利润包括收入减去费用后的净额、直接计入当期利润的利得和损失等。利润表中的利润包括营业利润、利润总额和净利润三个层次。

【例题 6 · 多项选择题】 下列各项中，影响企业营业利润的有(　　)。

A. 管理费用　　B. 财务费用
C. 所得税费用　　D. 资产减值损失

【答案】 ABD

【解析】 所得税费用影响净利润，不会影响营业利润。

2. 营业外收支净额

(1) 营业外收入。

营业外收入是指企业发生的与其日常活动无直接关系的各项利得。营业外收入主要包括非流动资产毁损报废收益、债务重组利得、盘盈利得、政府补助、罚没利得、捐赠利得、确实无法支付而按规定程序经批准后转作营业外收入的应付款项等。

(2) 营业外支出。

营业外支出是指企业发生的与其日常活动无直接关系的各项损失，主要包括非流动资产毁损报废损失、债务重组损失、盘亏损失、罚款支出、公益性捐赠支出、非常损失等。

3. 所得税费用

企业的所得税费用包括当期所得税和递延所得税。其中，当期所得税是当期应交所得税，递延所得税包括递延所得税资产和递延所得税负债。

所得税费用(或收益)＝当期所得税＋递延所得税费用(－递延所得税收益)
应交所得税＝应纳税所得额×所得税税率
应纳税所得额＝税前会计利润＋纳税调整增加额－纳税调整减少额

企业应设置“所得税费用”账户核算所得税费用的发生情况。该账户属于损益类账户，核算企业应从当期损益中扣除的所得税费用的计算及结转情况。其借方登记根据当期所得税和递延所得税计算出的所得税费用，贷方登记期末转入“本年利润”账户的金额。期末结转后，该账户应无余额。

借：所得税费用

　　贷：应交税费——应交所得税　　　　　　　　　　（当期所得税）

　　　　递延所得税负债　　　　　　　　　　　　　（递延所得税负债增加在贷方，若减少在借方）

　　　　递延所得税资产　　　　　　　　　　　　　（递延所得税资产减少在贷方，若增加在借方）

【例题 7 · 单项选择题】 某企业 2×19 年度利润总额为 1 800 万元，其中本年度国债利息收入 200 万元，已计入营业外支出的税收滞纳金 6 万元；企业所得税税率为 25%。假定不考虑其他因素，该企业 2×19 年度所得税费用为（　　）万元。

A. 400　　B. 401.5　　C. 450　　D. 498.5

【答案】 B

【解析】 企业的应纳税所得额＝1 800－200＋6＝1 606（万元），应交所得税＝1 606×25%＝401.5（万元）。

4. 本年利润的形成

（1）结转本年利润的方法：会计利润的结转方法有表结法和账结法两种。

【例题 8 · 判断题】 在表结法下，每月月末均需编制转账凭证，将在账上结计出的各损益类科目的余额结转入"本年利润"账户。（　　）

【答案】 错

（2）结转本年利润的会计处理。企业应当设置"本年利润"账户反映企业一定时期内财务成果的形成情况。该账户的贷方登记会计期末结转的各项收入，借方余额登记会计期末结转的各项费用。"本年利润"账户年内期末贷方余额为当期实现的净利润，借方余额为当期发生的净亏损。

年度终了，应将本年收入和支出相抵后结出的本年实现的净利润或净亏损，转入"利润分配——未分配利润"账户。

① 结转各项收入、利得类账户。

借：主营业务收入

　　其他业务收入

　　投资收益

　　营业外收入

　　贷：本年利润

② 结转各项费用、损失类账户。

借：本年利润

　　贷：主营业务成本

　　　　其他业务成本

　　　　税金及附加

　　　　销售费用

　　　　管理费用

　　　　财务费用

　　　　营业外支出等

③ 年末结转"本年利润"账户。

借：本年利润

　　贷：利润分配——未分配利润

或编制相反的会计分录。

(二) 利润的分配

1. 可供分配利润

可供分配利润＝当年实现的净利润＋年初未分配利润(－年初未弥补亏损)＋其他转入

2. 利润分配的顺序

(1) 提取法定盈余公积。

(2) 提取任意盈余公积。

(3) 向投资者分配利润或股利。

3. 利润分配的账务处理

企业应通过“利润分配”账户，核算企业利润的分配(或亏损的弥补)和历年分配(或弥补)后的未分配利润(或未弥补亏损)。该账户应分别“提取法定盈余公积”“提取任意盈余公积”“应付现金股利或利润”“盈余公积补亏”“未分配利润”等进行明细核算。

(1) 提取法定盈余公积、任意盈余公积、向投资者分配利润。

借：利润分配——提取任意盈余公积

　　　　　　——提取法定盈余公积

　　　　　　——应付现金股利或利润

　　贷：盈余公积——法定盈余公积

　　　　　　　　——任意盈余公积

　　　　应付股利

(2) 结转利润分配的其他明细账户。

借：利润分配——未分配利润

　　贷：利润分配——提取任意盈余公积

　　　　　　　　——提取法定盈余公积

　　　　　　　　——应付现金股利或利润

【例题9·单项选择题】 下列各项中，会引起企业留存收益总额发生变动的是(　　)。

A. 股本溢价　　B. 提取任意盈余公积

C. 接受现金资产投资　　D. 盈余公积转增资本

【答案】 D

【解析】 AC两项均与留存收益无关，B选项留存收益总额不变，D选项盈余公积减少。

【例题10·单项选择题】 某公司2×19年年初所有者权益总额为1 360万元，当年实现净利润450万元，提取盈余公积45万元，向投资者分配现金股利200万元，本年内以资本公积转增资本50万元，投资者追加现金投资30万元。该公司年末所有者权益总额为(　　)万元。

A. 1 565　　B. 1 595　　C. 1 640　　D. 1 795

【答案】 C

【解析】 年末所有者权益总额为：1 360＋450－200＋30＝1 640(万元)

思考与练习

一、单项选择题

1. 甲股份有限公司委托乙证券公司发行普通股，股票面值总额 4 000 万元，发行总额 16 000 万元，发行费按发行总额的 2%计算(不考虑其他因素)，股票发行净收入全部收到。甲股份有限公司该笔业务记入“资本公积”账户的金额为(　　)万元。

A. 4 000　　B. 11 680　　C. 11 760　　D. 12 000

2. 下列经济业务中，不会引起所有者权益总额变动的是(　　)。

A. 所有者投入货币资金　　B. 所有者向企业投入设备

C. 企业向所有者宣告分配现金股利　　D. 企业以盈余公积转增资本

3. 某公司 2×19 年年初所有者权益总额为 1 360 万元，当年实现净利润 450 万元，提取盈余公积 45 万元，向投资者分配现金股利 200 万元，本年内以资本公积转增资本 50 万元，投资者追加现金投资 30 万元。该公司年末所有者权益总额为(　　)万元。

A. 1 565　　B. 1 595　　C. 1 640　　D. 1 795

4. 采用权益法核算长期股权投资时，对于被投资企业因可供出售金融资产公允价值变动影响而导致的其他综合收益增加，期末，投资企业因该事项应按所拥有的表决权资本的比例计算应享有的份额，将其计入(　　)。

A. 其他综合收益　　B. 投资收益

C. 其他业务收入　　D. 营业外收入

5. 甲股份有限公司委托乙证券公司发行普通股，股票面值总额 20 000 万元，发行总额 80 000 万元，发行费按发行总额的 2%计算(不考虑其他因素)，股票发行净收入全部收到。甲股份有限公司该笔业务记入“资本公积”科目的金额为(　　)万元。

A. 20 000　　B. 58 400　　C. 58 800　　D. 60 000

6. 正保公司 2×19 年“盈余公积”科目的年初余额为 1 000 万元，本期提取盈余公积 500 万元，用盈余公积分配现金股利 600 万元，用盈余公积弥补亏损 200 万元。该公司“盈余公积”科目的年末余额为(　　)万元。

A. 710　　B. 700　　C. 900　　D. 1 500

7. A 公司 2×19 年年初盈余公积为 260 万元，当年以其中的盈余公积转增资本 60 万元。当年实现净利润 300 万元，提取盈余公积 30 万元，以盈余公积向投资者分配股利 20 万元。该公司 2×19 年年末盈余公积为(　　)万元。

A. 200　　B. 230　　C. 210　　D. 180

8. 某企业 2×19 年年初未分配利润的贷方余额为 400 万元，本年度实现的净利润为 200 万元，分别按 10%和 5%提取法定盈余公积和任意盈余公积。假定不考虑其他因素，该企业 2×19 年年末未分配利润的贷方余额应为(　　)万元。

A. 410　　B. 510　　C. 540　　D. 570

9. 下列各项中，会引起所有者权益总额发生变动的有(　　)。

A. 股东大会宣告分配现金股利　　B. 用盈余公积转增资本

C. 用盈余公积弥补亏损　　D. 实际发放股票股利

10. 下列各项中，会引起留存收益总额发生增减变动的有(　　)。

A. 用资本公积转增资本　　B. 用盈余公积转增资本

C. 用盈余公积弥补亏损　　D. 用税后利润弥补亏损

二、多项选择题

1. 下列经济业务中，仅影响所有者权益结构变动的有(　　)。

A. 以盈余公积弥补亏损　　B. 提取盈余公积

C. 以资本公积转增资本　　D. 实际发放股票股利

2. 下列各项中，通过"资本公积"科目核算的有(　　)。

A. 资本溢价　　B. 股本溢价

C. 交易性金融资产公允价值上升　　D. 向灾区捐赠现金

3. 下列各项中，能够引起企业留存收益总额发生变动的有(　　)。

A. 提取法定盈余公积　　B. 以盈余公积补亏

C. 用盈余公积转增资本　　D. 向投资者宣告分配现金股利

4. 下列各项中，能够引起企业留存收益总额发生变动的有(　　)。

A. 本年度实现的净利润　　B. 提取法定盈余公积

C. 向投资者宣告分配现金股利　　D. 用盈余公积弥补亏损

5. 下列各项中，会引起所有者权益总额发生变动的事项有(　　)。

A. 以低于成本的价格销售产品　　B. 以资本公积转增资本

C. 股东大会宣告分配现金股利　　D. 董事会宣布发放股票股利

三、判断题

1. 上市公司董事会通过股票股利分配方案时，财会部门应将拟分配的股票股利确认为负债。(　　)

2. 在溢价发行股票的情况下，公司发行股票的溢价收入，直接冲减当期的财务费用。(　　)

3. 企业接受投资者以原材料投资，涉及的增值税额不能计入实收资本。(　　)

4. 企业以盈余公积转增资本，不会引起留存收益总额的变动。(　　)

5. 企业以盈余公积向投资者分配现金股利，不会引起留存收益总额的变动。(　　)

6. 企业计提法定盈余公积是以当年实现的净利润作为基数计提的，该基数不应考虑企业年初未分配利润。(　　)

7. 企业当年的可供分配利润，应该等于年初的未分配利润，加上当年实现的净利润以及其他转入。(　　)

8. 年度终了，除"未分配利润"明细账户外，"利润分配"账户下的其他明细账户应当无余额。(　　)

四、计算题

1. 正保股份有限公司(以下简称正保公司)为一家从事药品生产的企业，为增值税一般纳税人。2×19 年 1 月 1 日，所有者权益总额为 50 000 万元，其中股本30 000万元，资本公积

5 000 万元，盈余公积 6 000 万元，未分配利润 9 000 万元。2×19 年度正保公司发生如下经济业务。

(1) 接受甲公司投入原材料一批，合同约定的价值为 3 000 万元（与公允价值相符），增值税税额为 390 万元；同时正保公司增加股本 2 500 万元，相关法律手续已办妥。

(2) 被投资企业乙公司可供出售金融资产的公允价值净值减少 500 万元，正保公司采用权益法按 40%持股比例确认应享有的份额。

(3) 经股东大会决议，并报有关部门核准，增发普通股 3 000 万股，每股面值 1 元，每股发行价格 5 元，按照发行股款的 2%向证券公司支付发行费。发行款已全部收到并存入银行。假定不考虑其他因素。

(4) 因扩大经营规模需要，经股东大会批准，正保公司将盈余公积 2 800 万元转增股本。

(5) 结转本年实现净利润 3 000 万元。

(6) 按税后利润的 10%提取法定盈余公积。

(7) 向投资者宣告分配现金股利 500 万元。

(8) 将"利润分配——提取法定盈余公积、利润分配——应付现金股利"明细账户余额结转至未分配利润。

要求：根据上述经济业务，编制相关会计分录。

2. A 有限责任公司 2×19 年发生的有关经济业务如下。

(1) 按照规定办理增资手续后，将资本公积 90 000 元转增注册资本。该公司原有注册资本 2 910 000 元，其中甲、乙、丙三家公司各占 1/3。

(2) 用盈余公积 50 000 元弥补以前年度亏损。

(3) 从税后利润中提取法定盈余公积 153 000 元。

(4) 接受 B 公司投资，经投资各方协议，B 公司实际出资额中 1 000 000 元作为新增注册资本，使投资各方在注册资本总额中均占 1/4。B 公司以银行存款1 200 000元缴付出资额。

要求：根据上述经济业务，编制相应会计分录。

第十一章 费用与税金

本章基本内容框架

- 商品流通费用
  - 支付时间及支付方式的不同
    - 直接支付费用
      - 财会部门直接支付费用
      - 备用金支付费用
    - 转账摊销费用
    - 预付待摊费用
  - 经济性质不同
    - 生产性流通费用
    - 纯粹流通费用
  - 经济用途不同
    - 销售费用
    - 管理费用
    - 财务费用
- 大类商品费用
  - 直接认定法
  - 比例分摊法
- 商品销售环节税金
  - 购销环节有关增值税
  - 销售税金及附加
    - 消费税
    - 城建税和教育费附加
    - 资源税
    - 土地增值税、城镇土地使用税、车船税、房产税和印花税

重点、难点讲解及典型例题

一、费用

(一) 商品流通费用

在商品流通企业中，凡是与组织商品流通有密切联系的人力、物力和财力的正常耗费都应确认为商品流通费。

1. 商品流通费确认的原则

根据商品流通费发生与支付时间以及支付方式的不同，它可以区分为以下三种情况。

(1) 直接支付费用。

直接支付费用是指本期发生、本期支付并在本期确认的各项商品流通费。比如：支付的当

月工资、进货运杂费、仓储保管费等。

(2) 转账摊销费用。

转账摊销费用是指不通过货币结算，而以转账摊销的方式确认的、本期发生的各项商品流通费。比如：固定资产的折旧费，无形资产的摊销，按规定计提的坏账准备，外币账户期末外币余额按期末市场汇价折合人民币金额与账面人民币余额之间的差额所形成的汇兑损益等。

(3) 预付待摊费用。

预付待摊费用是指为正确计算企业的财务成果，由本期支付而长期受益的费用，采用待摊的形式在以后各受益期内确认费用。主要是指摊销期在1年以上的各项费用，比如：开办费、租入固定资产改良和大修理支出等。

【例题1·单项选择题】 商品流通费用是指企业在进行购进、销售、调拨和存储等商品流通过程中所耗费的货币表现有(　　)。

A. 人力　　B. 财力

C. 物力　　D. 以上三者都是

【答案】 D

【解析】 在商品流通企业中，凡是与组织商品流通有密切联系的人力、物力和财力的正常耗费都应确认为商品流通费，所以应选D。

2. 商品流通费用的分类

(1) 按经济性质分类。

商品流通费用，按其在社会再生产过程中的经济性质，分为生产性流通费用和纯粹流通费用两类。

生产性流通费用又称追加费用，是与生产过程在流通领域内的继续进行有关的费用。例如，商品的运输费用，商品生产出来后，不可能全部就地消费，商品的生产地点和消费地点之间必然会有一定的距离。只有将商品从生产地点运送到消费地点，商品才能进入消费领域。所以，运输过程是生产过程在流通领域中的继续，运输费用是社会对于商品追加的必要费用。这些费用参与商品使用价值的生产，创造新的价值，理应算作生产性流通费用。商品的包装费、仓储保管费、装卸费、整理费等，均属于生产性流通费用。

纯粹流通费用是由货币形式到商品形式和由商品形式到货币形式的转化所引起的费用。商品流通企业管理人员的工资、广告费、展览费、办公费、利息支出、汇兑损益等，均属于纯粹流通费用。这些费用，不参与商品使用价值的生产，不创造价值，它是用生产部门所创造的价值来补偿的，但同时它也是实现商品价值必不可少的费用。所以，纯粹流通费用也是完成商品流通所必需的费用。从理论上讲，生产性流通费用应计入商品的价值，是商品成本的组成部分；纯粹流通费用不能计入商品的价值，不构成商品成本。但根据现行财务制度、会计制度及有关规定，这两种完成商品流通所必需的费用均作为商品流通企业的商品流通费用核算。

(2) 按经济用途分类。

商品流通费，按其在商品流通过程中发挥的作用不同，可以分为销售费用、管理费用和财务费用。

销售费用是指商品流通企业在整个经营环节所发生的各种费用。

管理费用是指商品流通企业行政管理部门为组织和管理商品经营活动而发生的各项费用。

财务费用是指企业为筹集资金而发生的各项费用。

按经济用途对商品流通费加以分类，便于企业对其确认和计量，现行会计制度和财务制度均采用此分类方法对商品流通费加以分类，并对各类费用包括的内容作了明确规定，它们是企业进行费用确认和计量的重要依据。

【例题 2 · 多项选择题】 商品流通费用按经济用途分类可以分为(　　)。

A. 销售费用　　B. 管理费用　　C. 财务费用　　D. 制造费用

【答案】 ABC

【解析】 商品流通费，按其在商品流通过程中发挥的作用的不同，可以分为销售费用、管理费用和财务费用。所以应选 ABC。

本章将重点介绍商品流通费按照经济用途的分类。

(二) 商品流通费用的账务处理

1. 直接支付费用的账务处理

直接支付费用是指本期支付应由本期负担的费用，如直接支付本月的工资、运杂费、保管费等。直接支付费用的方式有两种：一种是当费用发生时，直接由财会部门支付；另一种是以备用金的方式预先支付，后报账。

(1) 财会部门直接支付费用的核算。

当费用发生时，开支部门持费用凭证直接向财会部门报账。财会部门收到费用单据审核无误后，便可据以付款。

在直接支付的费用中，工资占有较大的比重，核算比较复杂的企业支付给职工的工资总额包括各种工资、奖金、津贴和补贴等，但不包括发给职工的医药费、福利补助、退休费、创造发明奖、合理化建议奖和技术改造奖等。在每月发放工资前，财会部门应根据人事劳动工资部门转来的职工考勤、调动、工资级别调整通知单，各种津贴变动通知单和有关部门转来的代扣款通知单进行计算，编制“工资表”，计算出每一个职工的应发工资和实发工资数额。如果是实行日工资制度的企业，对缺勤职工工资按下列计算给予扣除：

日工资＝月标准工资÷30 天(或平均每月实际工作日)

事假应扣工资＝事假日数×日工资

病假应扣工资＝日工资×病假天数×病假应扣工资的比例

应发工资＝标准工资＋附加工资＋各项补贴－扣除的病事假工资

实发工资＝应发工资－代扣款项

每月编制的工资表是工资核算的根据，应据以向银行提取现金发放工资以及进行账务处理。工资表经过职工签收以后，就是支付工资的原始凭证。

【例题 3 · 单项选择题】 每月编制的(　　)为工资核算的依据。

A. 入库单　　B. 请假单　　C. 工资表　　D. 报销单

【答案】 C

【解析】 每月编制的工资表是工资核算的根据，应据以向银行提取现金发放工资以及进行账务处理。工资表经过职工签收以后，就是支付工资的原始凭证。所以应选 C 项。

(2) 备用金支付费用的账务处理。

采用备用金支付方法，一般是按费用项目由企业内部有关职能部门实行分口负责管理，预先提取一定数额的备用金，定期凭费用单据向财会部门报账，经审核无误后补足备用金。财会部门拨给有关部门备用金时，在“其他应收款——备用金”账户进行核算。

2. 转账摊销费用的账务处理

转账摊销费用是指企业的各种财产物资的耗费，通过转账摊入当期应负担的费用，这类费用是按规定的标准进行摊销的，如包装物和低值易耗品的摊销，固定资产的折旧等；转账摊销费用的账务处理。

3. 预付待摊费用的账务处理

预付待摊费用是指由本期支付应由以后各期负担的费用。采用这种方法，就是按照权责发生制的原则来划分费用的归属期，将应由1年以上各期负担的费用，先记入“长期待摊费用”账户，以后再分期摊销，这样可以均衡各期费用的负担，保持各期财务成果的稳定性。例如，支付数额较大的修理费，如果全部列入当期的费用，会影响当期的费用水平和财务成果，因而必须采用分期摊销的方法。

(三) 大类商品费用的账务处理

为了改善经营管理，加强经济核算，详细考核各大类商品的经营成果，凡具备条件的商业批发企业，均应实行大类商品核算。

费用按大类商品进行核算，可根据具体情况，分别采取直接认定法和比例分摊法两种方法。

1. 直接认定法

直接认定法是指在费用发生以后，根据有关费用凭证，直接确定该项费用应该由哪类商品负担的方法。此类费用一般有运费、保管费、包装费、商品损耗等直接费用。在核算时，应按商品大类的分类口径，在费用明细账有关子目下，设置三级明细账进行核算；也可以在有关子目账页内设置专栏登记。

2. 比例分摊法

比例分摊法是指在费用发生以后，通过计算才能确定各类商品应分摊的费用额的方法。这类费用一般有保险费、销售人员的工资及其他各项间接费用等。为了减少繁重的分摊计算手续，平时无需逐笔分摊计算，可在计算经营成果时，采用一定的方法一次性进行分摊。如按本期各大类商品销售收入(或销售成本)占全部商品销售收入(或销售成本)总额的比例，乘以本期发生的不能直接认定的费用总额，即可算出各大类商品应分摊的费用。各大类商品能直接认定的各项费用，加上按比例摊入的费用，就是大类商品的费用总额。

比例分摊的计算步骤如下。

(1) 先计算各大类商品的销售额占全部商品销售额的百分比。

$$\text{某大类商品销售额占全部商品销售额的百分比}=\text{某大类商品销售额}\div\text{商品销售总额}\times 100\%$$

(2) 再计算某类商品本期应摊的费用额。

$$\text{某大类商品本期应摊的费用额}=\text{本期发生的共同费用总额}\times\text{某大类商品销售额占商品销售总额的百分比}$$

二、税金

(一) 商品流通企业税金的种类

商品流通企业在日常经营过程中,经常会发生一些税费,如:增值税、消费税、城市维护建设税、城镇土地使用税、房产税、车船税、资源税、印花税和所得税等。

企业在销售环节应缴纳的税金包括增值税、消费税、城市维护建设税和教育费附加、房产税、城镇土地使用税、车船税、印花税。

按照税法规定,企业应定期向税务部门缴纳相关税费,在尚未缴纳之前便形成了对税务部门的负债。

【例题 4 · 多项选择题】 根据我国现行税法的规定,商品流通企业缴纳的税费主要有(　　)。

A. 增值税　　B. 车船税　　C. 消费税　　D. 房产税

【答案】 ABCD

【解析】 商品流通企业在日常经营过程中,经常会发生一些税费,如:增值税、消费税、城市维护建设税、城镇土地使用税、房产税、车船税、资源税、印花税、所得税等。所以应选ABCD。

(二) 商品流通企业税金的具体内容

1. 一般纳税人应交增值税的计算

根据税法规定,从事货物生产或者提供应税劳务的纳税人,年应征增值税销售额在 50 万元以上的;以及上述规定以外的纳税人,年应税销售额在 80 万元以上的,均划定为增值税一般纳税人。

一般纳税人的税率设为以下几类:基本税率 13%,低税率 9%,6%以及零税率。一般纳税人购入货物或接受劳务以及服务支付的增值税(即进项税额),允许从销项税额中抵扣。

一般纳税人当期应纳税额=当期销项税额－当期进项税额+进项税额转出

1) 当期销项税额的计算

销项税额是纳税人销售货物或提供应税劳务以及应税服务,按照销售额和税率计算并向购买方收取的增值税额,其计算方法为:

销项税额=销售额×适用税率

需要注意的是,由于增值税是价外税,因此,公式中的销售额为不含税价款,若为含税价应先还原为不含税销售额,其换算公式为:

不含税销售额=含税销售额÷(1+税率)

2) 当期进项税额的核算

进项税额是指纳税人购进货物或者接受应税劳务以及应税服务支付或者负担的增值税额。

(1) 进项税额允许抵扣的情况。根据我国增值税法规定,一般纳税人的进项税额准予从销项税额中抵扣的情况如下。

第一,从销货方取得的增值税专用发票上注明的增值税额。需要注意的是,自 2009 年 1

月1日起，我国开始实行消费型增值税，企业当期外购的生产经营用固定资产(非不动产)的增值税进项税额，允许从当期的销项税额中抵扣。

第二，从海关取得的海关进口增值税专用缴款书上注明的增值税额。

第三，购进农产品，准予从销项税额中抵扣产品买价和13%的扣除率计算的进项税额。

(2) 进项税额不允许抵扣的情况。下列项目中的进项税额不得从销项税额中抵扣。

第一，将购进货物改变用途，如用于集体福利或个人消费等。

第二，购进的货物因管理不善造成的被盗、丢失、霉烂变质而发生的非常损失(不包括自然灾害造成的损失)。

2. 小规模纳税人增值税的计算

小规模纳税人应当按照不含税销售额和规定的增值税征收率计算缴纳增值税，销售货物或提供应税劳务时只能开具普通发票，不能开具增值税专用发票。小规模纳税企业不享有进项税额的抵扣权，其购进货物或接受应税劳务支付的增值税直接计入有关货物或劳务的成本。

小规模纳税人应纳增值税额采用简易办法计算，按照不含税销售额和征收率计算确定。小规模纳税人的增值税征收率一般为3%，其应纳增值税公式为：

应纳税额＝不含税销售额×征收率

不含税销售额＝含税销售额÷(1＋3%)

【例题5·单项选择题】 丁公司为小规模纳税人，赊销商品一批，价款8 240元，应交增值税为(　　)元。

A. 1 400.80　　B. 240　　C. 1 197.26　　D. 247.20

【答案】 B

【解析】 应交增值税＝8 240÷(1＋3%)×3%＝240(元)

3. 消费税的计税方法

消费税的应纳税额有三种计税方法：从价定率计征方法、从量定额计征方法、从价定率与从量定额相结合的复合计征法。

(1) 从价定率计征方法。采取从价定率方法征收的消费税，以不含增值税的销售额为税基，按照税法规定的税率计算。企业的销售收入包含增值税的，应将其换算为不含增值税的销售额。其计算公式为：

应纳税额＝销售额×比例税率

(2) 从量定额计征方法。采取从量定额计征的消费税，根据按税法确定的企业应税消费品的数量和单位应税消费品应缴纳的消费税计算确定。在我国实行从量定额征收的消费品，主要为黄酒、啤酒、柴油、汽油等。其计算公式为：

应纳税额＝销售数量×定额税率

(3) 从价定率与从量定额相结合的复合计征法。目前在我国，仅有卷烟和白酒采用复合计税的方法。其计算公式为：

应纳税额＝应税销售数量×定额税率＋应税销售额×比例税率

(4) 委托加工应税消费品计税价格的确定：

首先，按照受托方的同类消费品的销售价格计算缴纳消费税。同类消费品的销售价格是指受托方当月销售同类消费品的销售价格，如果当月同类消费品的销售价格高低不同，应按销售数量加权平均计算。但销售价格明显偏低，又无正当理由和无销售价格的不得列入。如果当月无销售的，应按同类消费品上月或最近月份的销售价格计算。

其次，无同类消费品销售价格的，按照组成计税价格计算缴纳消费税。其公式为：

组成计税价格＝(材料成本＋加工费)÷(1－消费税税率)

其中：公式中的“材料成本”即委托方提供加工原材料的实际成本；“加工费”即受托方加工应税消费品向委托方收取的全部费用(不包括增值税，但包括受托方代垫部分辅助材料的金额)。

最后，在计税依据的基础上，计算应缴纳的消费税税额。

应缴纳消费税＝销售额×适用的消费税税率

或　　＝组成计税价格×适用的消费税税率

4. 其他税金的计算

其他税金是指除上述税金以外还会发生的一些税金，包括资源税、城市维护建设税、土地增值税、房产税、城镇土地使用税、车船税、教育费附加、矿产资源补偿费、所得税等。

(1) 资源税。资源税是对在我国境内开采矿产品或者生产盐的单位和个人征收的税。资源税按照应税产品的课税数量和规定的单位税额计算。开采或生产应税产品对外销售的，以销售数量为课税数量；开采或生产应税产品自用的，以自用数量为课税数量。

(2) 城市维护建设税、教育费附加。城市维护建设税是以增值税和消费税为计税依据征收的一种税。其纳税人为缴纳增值税和消费税的单位和个人，税率因纳税人所在地不同从1%～7%不等。教育费附加是为了发展教育事业而向企业征收的附加费用，企业按应交流转税的一定比例计算缴纳。其计算公式为：

应纳税额＝(应交增值税＋应交消费税)×适用税率

(3) 房产税。房产税是国家对在城市、县城、建制县和工矿区征收的由产权所有人缴纳的一种税。房产税依照房产原值一次减除10%～30%后的余额计算缴纳。没有房产原值作为依据的，由房产所在地税务机关参考同类房产核定；房产出租的，以房产租金收入为房产税的计税依据。

(4) 城镇土地使用税。城镇土地使用税是国家为了合理利用城镇土地，调节土地级差收入，提高土地使用效益，加强土地管理而开征的一种税，以纳税人实际占用的土地面积为计税依据，依照规定税额计算征收。

(5) 车船税。车船税由拥有并且使用车船的单位和个人缴纳。车船税按照适用税额计算缴纳。

(6) 矿产资源补偿费。矿产资源补偿费是对在我国领域和管辖海域开采矿产资源而征收的费用。矿产资源补偿费按照矿产品销售收入的一定比例计征，由采矿人缴纳。

(7) 所得税。

(三) 税金的账务处理

1. 商品销售环节税金的账务处理

1) 商品流通企业在购销环节有关增值税的账务处理

为了核算企业应交增值税的发生、抵扣、缴纳、退税及转出等情况，一般纳税人应在“应交税费”账户下设置“应交增值税”“未交增值税”两个明细科目，并在“应交增值税”多栏式明细账内设置“进项税额”“销项税额”“出口退税”“已交税金”“进项税额转出”等专栏。

小规模纳税人只需在“应交税费”账户下设置“应交增值税”明细账户，不需要在“应交增值税”明细账户中设置专栏，“应交税费——应交增值税”账户贷方登记应缴纳的增值税，借方登记已缴纳的增值税；期末贷方余额为尚未缴纳的增值税，借方余额为多缴纳的增值税。

【例题 6 · 多项选择题】 企业支付上月未交增值税，应贷记(　　)账户。

A. “应交税费——未交增值税”

B. “应交税费——应交增值税(转出多交增值税)”

C. “应交税费——应交增值税(已交税金)”

D. “应交税费——应交增值税(转出未交增值税)”

【答案】 A

【解析】 会计分录为：

借：应交税费——未交增值税
　贷：银行存款

【例题 7 · 单项选择题】 甲公司为增值税一般纳税人，月末，将尚未抵扣的增值税进项税额转入(　　)账户的(　　)方。

A. “应交税费——未交增值税” 贷

B. “应交税费——应交增值税(转出多交增值税)” 借

C. “应交税费——未交增值税” 借

D. “应交税费——应交增值税(转出未交增值税)” 借

【答案】 C

【解析】 会计分录为：

借：应交税费——未交增值税
　贷：应交税费——应交增值税(转出多交增值税)

2) 商品销售税金及附加的账务处理

商品销售环节应纳的税金及教育费附加除增值税以外，其余的都在“营业税金及附加”账户内核算。包括消费税、城市维护建设税、教育费附加、资源税、土地增值税等。该账户属损益类账户，借方主要登记应缴纳的商品销售税金及附加，期末应将本账户余额结转至“本年利润”账户，结转后本账户应无余额。

商品销售环节缴纳的“教育费附加”是指国家为了发展我国的教育事业，提高人民文化素质而征收的一种费用。这项费用按照企业缴纳销售税金的一定比例计算，并与销售税金一起缴纳。教育费附加一般按实际缴纳的增值税、消费税的3%计算缴纳。

商品流通企业在税金及附加中列支的税金还包括房产税、城镇土地使用税、车船税、印花税。月份终了，企业计算出当月应缴纳的房产税、车船税和城镇土地使用税。

【例题 8 · 多项选择题】 以下税费中，应通过“税金及附加”核算的有(　　)。

A. 增值税　　　　B. 所得税

C. 房产税　　　　D. 城镇土地使用税

E. 车船税　　F. 印花税

【答案】 CDEF

【解析】 记忆技巧：有房、有车、有地、有花。

思考与练习

一、单项选择题

1. 在以下各项目中，不通过“应交税费”账户核算的是(　　)。

A. 增值税　　B. 房产税　　C. 印花税　　D. 消费税

2. 下列各项中，应通过“其他应付款”账户核算的是(　　)。

A. 应付现金股利　　B. 应交教育费附加

C. 支付的包装物押金　　D. 代扣的职工社会保险

3. 一般商品流通企业因销售消费品而计算应缴纳的消费税，账务处理时应借记(　　)账户。

A. “其他业务成本”　　B. “税金及附加”

C. “固定资产清理”　　D. “销售费用”

4. 某市金凤商贸公司本月实际上交增值税额 5 万元，则其应交的城市维护建设税为(　　)元。

A. 500　　B. 2 500　　C. 3 000　　D. 3 500

5. 下列费用中，不属于管理费用列支范围的是(　　)。

A. 业务招待费　　B. 矿产资源补偿费

C. 无形资产摊销费　　D. 技术转让费

6. 以下项目中，免征增值税的是(　　)。

A. 销售自产农业产品　　B. 煤气

C. 自来水　　D. 金属矿采选产品

7. 某商品流通企业为修理一固定资产而支付 2 000 元，则该 2 000 元应借记(　　)账户核算。

A. “固定资产”　　B. “在建工程”

C. “管理费用”　　D. “销售费用”

8. 某商品流通企业为小规模纳税人，其购入货物 50 000 元，增值税额 2 000 元，则该批货物的记账成本为(　　)元。

A. 50 000　　B. 52 000　　C. 48 000　　D. 585 000

9. 三联商贸公司是一家小规模纳税人，4 月 1 日从本地购入一批商品。其中：价款 5 万元、增值税额 0.65 万元、运杂费 0.15 万元，则该批商品的采购成本是(　　)元。

A. 50 000　　B. 58 000　　C. 51 500　　D. 60 000

10. 下列行业中，增值税税率为 6%的是(　　)。

A. 建筑业　　B. 金融保险业

C. 通信业　　D. 娱乐业

二、多项选择题

1. 下列税收中，应记入“管理费用”账户核算的有（ ）。

A. 所得税　　B. 房产税

C. 印花税　　D. 车船税、城镇土地使用税

2. 下列各项中，应记入“财务费用”账户核算的有（ ）。

A. 利息支出　　B. 汇兑净损失

C. 支付给金融机构的手续费　　D. 滞纳金

3. 下列各项中，不属于企业支付给企业的工资总额项目的有（ ）。

A. 退休费　　B. 津贴

C. 创造发明奖　　D. 技术创造奖

4. 下列项目中，不能作为管理费用开支核算的有（ ）。

A. 广告费　　B. 展览费

C. 车船税　　D. 非正常损失

5. 下列各项中，属于“管理费用——劳动保险费”的核算范围的有（ ）。

A. 职工退休费　　B. 医药费

C. 职工因公负伤赴外地就医路费　　D. 职工死亡丧葬补助费、抚恤费

三、判断题

1. 企业发生的车船税、土地增值税、印花税等均应记入“管理费用”账户。（ ）
2. 出租包装物摊销费用应计入销售费用核算。（ ）
3. 以商业保险形式提供给职工的各种保险待遇也属于企业提供的职工薪酬。（ ）
4. 企业发生的消费税、城市维护建设税和教育费附加都通过“营业税金及附加”账户核算。（ ）
5. 企业筹办期间的开办费可以作为企业的费用列支。（ ）

四、计算及账务处理题

华夏贸易公司为一般纳税人，适用的增值税税率为13%，2×19年12月发生以下经济业务：

(1) 业务部门签发转账支票，支付宣传费5万元。

(2) 行政部门办公用品纸张花费0.2万元，现金支付。

(3) 业务部门招待来访客户花费0.5万元，现金支付。

(4) 提取现金并发放工资，具体如下：经营人员15万元，行政人员5万元，实发工资20万元。

(5) 按业务(4)中的工资，提取职工福利经费，按2%提取工会经费，按1.5%提取职工教育经费。

(6) 提取本月行政部门固定资产折旧费5万元。

(7) 签发转账支票，支付广告费1万元。

(8) 销售金银首饰100万元(不含增值税)，增值税额13%，消费税税率为5%，货款已收并存入银行。

(9) 本月主营业务应交增值税 9 万元，应交消费税 5 万元，城市维护建设税率为 7%，教育费附加为 3%。

(10) 本月应交房产税 1 万元，应交城镇土地使用税 0.5 万元，应交车船税 0.3 万元。

(11) 与外单位签订一保管合同，保管金额为 80 万元，印花税为 0.08 万元。

(12) 支付本季度银行贷款利息 5 万元，其中前两个月已计提贷款利息 3 万元。

(13) 用银行存款支付本月增值税额 8 万元。

(14) 将本月未交的增值税 1 万元转入未交增值税明细账户。

要求：根据上述经济业务，编制相应的会计分录。

第十二章　进出口贸易业务核算

本章基本内容框架

- 进出口贸易业务概述
  - 进口贸易业务的种类
  - 进口贸易业务的程序
  - 出口贸易业务的种类
- 自营进口业务的核算
  - 自营进口商品成本的构成
  - 自营进口商品购进的核算
  - 自营进口商品销售的核算
- 代理进口业务的核算
  - 代理进口业务概述
  - 代理进口业务的会计处理
- 自营出口销售业务的核算
  - 自营出口销售业务概述
  - 自营出口销售业务的会计处理
- 代理出口销售业务的核算
  - 代理出口销售业务概述
  - 代理出口销售业务的会计处理
- 出口商品退税的核算
  - 出口商品退税的政策
  - 出口商品退税的会计处理

重点、难点讲解及典型例题

一、进出口贸易业务概述

1. 进口贸易业务的种类

- 进口贸易业务的种类
  - 自营进口业务
  - 代理进口业务
  - 易货贸易业务

2. 进口贸易的业务程序

- 进口贸易的业务程序
  - 进口贸易前的准备工作
  - 签订进口贸易合同
  - 履行进口贸易合同
  - 对内销售和结算

3. 出口贸易业务的种类

- 出口贸易业务的种类
  - 自营出口业务
  - 代理出口业务
  - 加工补偿出口业务

二、自营进口业务的核算

1. 自营进口商品成本的构成 { 国外买价 / 进口税金 / 国内运费 }

【例题1·单项选择题】 根据我国现行制度,进口商品的国外进价一律以(　　)价格为基础。

A. FOB　　B. CIF

C. CFR　　D. FOB CIF CFR

【答案】 B

【解析】 进口商品的进价一律以CIF价格为基础,如果与出口商以FOB价格或CFR价格成交的,那么商品离开对方口岸后,应由进口商负担的国外运费和保险费等均应作为商品的国外进价入账。

2. 自营进口商品购进的核算

企业采购国外商品主要采用信用证结算方式。当收到银行转来国外全套结算单据时,将其与信用证或合同条款核对相符,并通过银行向国外出口商承付款项时,借记"在途物资"账户,贷记"银行存款"账户。当支付国外运费和保险费时,应借记"在途物资"账户,贷记"银行存款"账户。

进口商品运抵我国口岸,向海关申报进口关税、消费税和增值税时,根据进口关税和消费税的合计数(增值税是价外税,暂不作账务处理),借记"在途物资"账户,贷记"应交税费"账户。外贸企业收到出口商付来佣金时,借记"银行存款"账户,贷记"在途物资"账户。对于难以按商品直接认定的佣金,借记"银行存款"账户,贷记"销售费用"账户。

当进口商品采购完毕,验收入库,结转其采购成本时,借记"库存商品"账户,贷记"在途物资"账户。外贸企业支付进口商品的关税、消费税和增值税时,应借记"应交税费"账户,贷记"银行存款"账户。

3. 自营进口商品销售的核算

1) 自营进口商品销售的确认

企业自营的进口商品,应以开出进口结算凭证向国内客户办理货款结算的时间作为商品销售收入确认的时间,进口商品的结算时间有单到结算、货到结算和出库结算三种。

【例题2·单项选择题】 自营进口商品销售,采用货到结算方式时,外贸企业应在(　　)时确认销售收入。

A. 收到银行转来付款结算单据,经审核符合合同规定

B. 向国内客户销售出库

C. 取得外运公司的船舶到港通知单

D. 收到进口商品

【答案】 C

【解析】 货到结算是指企业收到运输公司进口商品已到达我国港口的通知后,即向国内客户办理货款结算,以确认销售收入的实现。

2) 自营进口商品销售的业务核算

(1) 采取单到结算的核算。企业自营进口商品采取单到结算方式的，在银行转来国外全套结算单据时，就可以向国内客户办理货款结算，进口商品采购的核算与销售的核算几乎同时进行。将归集的商品采购成本直接从"在途物资"账户转入"自营进口销售成本"账户。

(2) 采取货到结算的核算。企业自营进口商品采取货到结算方式的，在进口商品运达我国港口时，进口商品采购成本的归集已经完成。因此与国内客户办理货款结算时，在反映自营进口商品销售收入的同时，也可以结转其销售成本。

(3) 采取出库结算的核算。企业自营进口商品采取出库结算方式的，进口商品在验收入库以后，已记入"库存商品"账户，具体核算方法在本节自营进口商品购进部分已作了阐述。

【例题3·单项选择题】 涉外企业进口业务对外付款方式，一般有（　　）。

A. 单到结算、货到结算、出库结算方式

B. 托付承付方式

C. 汇付、托收、信用证方式

D. 验单付款、验货付款方式

【答案】 A

【解析】 涉外企业进口业务对外付款方式一般有单到结算、货到结算、出库结算方式。

三、代理进口业务概述

1. 代理进口业务概述

1）代理进口业务应遵循的原则

企业经营代理业务，应遵循不垫付进口商品资金，不负担进口商品的国内外直接费用，也不承担进口业务盈亏，只根据进口商品金额 CIF 价格，按规定的代理手续费率向委托单位收取代理手续费的原则。

2）代理进口业务的确认时间及内容

(1) 代理进口业务的确认时间。企业代理进口业务，应以开出进口结算单，向国内委托单位办理货款结算的时间确认销售收入的实现。

(2) 代理进口业务的内容。由于企业在代理进口时不垫付资金，不负担盈亏，应由委托单位自行负责。委托单位在收到代理单位办理货款结算的同时，作为进口商品的购进处理。

【例题4·单项选择题】 代理进口时，外贸企业按照进口商品（　　）价格及规定的代理手续费率收取代理手续费。

A. FOB

B. CFR

C. CIF

D. FOB CIF CFR

【答案】 C

【解析】 企业办理进口业务收取的手续费，一般比例为 CIF 价格（成本加保险费和运费）的 3%～5%。

2. 代理进口业务的会计处理

企业代理进口业务通常要求委托单位预付货款，在收到委托单位的预付货款时，借记"银行存款"账户，贷记"预收账款"账户。收到银行转来国外全套结算单据时，将其与信用证或合同条款核对无误后，通过银行向国外出口商承付款项时，借记"预收账款"账户，贷记"银行存款"账户。同时，企业业务部门根据代理进口商品金额 CIF 价格的一定比例开具收取代理手续费的发票，财会部门根据业务部门转来的发票（记账联）确认代理进口业务销售收入的实现，据以借记“预收账款”账户，贷记“其他业务收入”账户。

四、自营出口销售业务的核算

1. 自营出口销售业务概述

1）自营出口销售的业务程序

自营出口销售的业务程序：
- 出口贸易前的准备工作
- 出口贸易的磋商：询盘、发盘、还盘与反还盘、接受
- 签订出口贸易合同
- 出口贸易前的准备工作

【例题5·多项选择题】 自营出口销售业务的程序有（　　）。

A. 签订出口贸易合同　　B. 出口贸易的磋商

C. 出口贸易前的准备工作　　D. 履行出口贸易合同

【答案】 ABCD

【解析】 自营出口销售的业务程序有出口贸易前的准备工作、出口贸易的磋商、签订出口贸易合同和履行出口贸易合同四个业务程序。

2）商品销售收入的确认原则

企业商品销售收入的确认，必须同时符合下列四个条件：

(1) 企业已将商品所有权上的主要风险和报酬转移给买方；

(2) 企业失去了对商品的管理权与控制权；

(3) 与交易相关的经济利益很可能流入企业；

(4) 相关的收入和成本能够可靠地计量。

3）自营出口销售收入的计价

自营出口贸易有船上交货价格（FOB），成本加运费、保险费价格（CIF）和成本加运费价格（CFR）等多种价格条件。为了规范核算口径，外贸企业不论以什么价格条件成交，均以船上交货价格（FOB）扣除佣金后计价，如以CIF价格或CFR价格成交的，还应扣除运费和保险费或运费进行计价。

2. 自营出口销售的会计处理

1）商品托运及出口销售收入的核算

企业出口销售通常采用信用证结算，财会部门根据出库单（记账联）借记“发出商品”账户，贷记“库存商品”账户。

业务部门待出口商品装船，财会部门取得业务部门转来的发票副本及银行回单时，据以借记“应收外汇账款”账户，贷记“自营出口销售收入”账户。然后将储运部门转来的出库单（转账联）所列商品的品名、规格、数量与发票副本核对相符后，据以结转商品销售成本，届时借记“自营出口销售成本”账户，贷记“发出商品”账户。收到货款时，再借记“银行存款”账户，贷记“应收外汇账款”账户。

2）支付国内费用的核算

企业在商品出口贸易过程中，发生的商品自所在地发运至边境、口岸的各项运杂费、装船费等费用，均应记入“销售费用”或“进货费用”账户。

3) 支付国外费用的核算

国外费用主要有运费、保险费和国外佣金三项。

4) 预估国外费用的核算

企业出口贸易业务销售收入确认的时间与支付国外运费、保险费和佣金的时间往往不一致。尚未支付的国外费用应预估入账。借记“自营出口销售收入”账户，贷记“应付外汇账款”账户。下期期初实际支付时，再借记“应付外汇账款”账户，贷记“银行存款”账户。如果实际支付金额与预估金额有差异时，其差额记入“自营出口销售收入”账户。

五、代理出口销售业务的核算

1. 代理出口销售业务概述

1) 代理出口销售业务概述

企业经营代理出口销售业务应遵循不垫付商品资金，不负担国内外直接费用，不承担出口销售业务的盈亏，只按照出口销售发票金额及规定的代理手续费率，向委托单位收取外汇手续费的原则。根据这一原则，委托单位则必须提供出口货源，负担一切国内外直接费用，并承担出口销售业务的盈亏。

代理出口销售业务发生的国内外直接费用，均应由委托单位负担，费用的结算可以由受托的企业垫付，然后向委托单位收取，也可以由委托单位预付，以后再进行清算。

2) 代理出口销售外汇货款结算的方法

企业代理出口销售外汇货款结算方法有异地收(结)汇法和全额收(结)汇法两种。

2. 代理出口销售业务的会计处理

1) 代理出口商品收发的核算

企业根据合同规定收到委托单位发来代理出口商品时，应根据储运部门转来代理业务入库单上所列的金额，借记“受托代销商品”账户，贷记“受托代销商品款”账户。代理商品出库后，应根据储运部门转来的代理业务出库单上所列的金额，借记“发出商品——受托代销商品”账户，贷记“受托代销商品”账户。

2) 代理出口商品销售收入的核算

代理出口商品交单办理收汇手续，取得银行回单时就意味着销售已经确认，然而这是委托单位的销售收入，因此通过“应付账款”账户核算。根据代理出口商品的销售金额，借记“应收外汇账款”账户，贷记“应付账款”账户；同时结转代理出口商品的销售成本，根据代理出口商品的出库金额，借记“受托代销商品款”账户，贷记“发出商品”账户。

3) 垫付国内外直接费用的核算

企业在垫付国内外直接费用时，应借记“应付账款”账户，贷记“银行存款”账户。

4) 代理出口销售收汇的核算

企业代理出口销售收汇时，如采取异地收(结)汇法，收到银行转来的垫付代理出口商品的国内外直接费用和代理手续费时，根据收到的金额，借记“银行存款”账户，贷记“应收外汇账款”账户。并根据业务部门转来按代理出口销售收入金额的一定比例收取代理手续费发票的金额借记“应付账款”账户，贷记“其他业务收入”账户。同时还应根据银行划拨款委托单位的金额，借记“应付账款”账户，贷记“应收外汇账款”账户。

六、出口商品退税的核算

1. 出口商品退税的政策

出口退税是指对出口商品已征收的国内税部分或全部退还给出口商的一种措施，出口产品退(免)税，简称出口退税，其基本含义是指对出口产品退还其在国内生产和流通环节实际缴纳的增值税和特别消费税。出口产品退税制度，是一个国家税收的重要组成部分。

2. 出口商品退税的会计处理

增值税在申报退税后，根据应退的增值税额借记“应收出口退税”账户，根据出口商品购进时支付的增值税额贷记“应交税费”账户；两者的差额，也就是国家不予退税的金额，应列入“自营出口销售成本”账户的借方。消费税在申报退税时，借记“应收出口退税”账户，贷记“自营出口销售成本”账户。在收到增值税和消费税退税款时，再借记“银行存款”账户，贷记“应收出口退税”账户。

(1) 全额退税。全额退税是指退还企业购进商品时的全部进项税额。

(2) 部分退税。部分退税是指退还企业购进商品时所支付的部分进项税额。

思考与练习

一、单项选择题

1. 自营进口业务的关税(　　)。

A. 记入进口商品成本　　B. 进口关税

C. 税金列支　　D. 向用户收取

2. 进口合同成交价格为 FOB 价，支付境外运费和保险费应(　　)。

A. 计入进口商品采购成本　　B. 计入销售费用

C. 冲减销售收入　　D. 冲减采购成本

3. 自营进口业务，收到国外出口商佣金时应(　　)。

A. 计入营业外收入　　B. 冲减采购成本

C. 计入主营业务收入　　D. 冲减销售费用

4. 代理进口商品销售确认的条件是(　　)。

A. 开出代理费发票　　B. 收到银行转来的单据

C. 收到进口货物　　D. 进口商品出库

5. 自营进口商品的国外进价一律以(　　)为基础。

A. 成本加运费、保险费价格　　B. 成本加运费价格

C. 船上交货价格　　D. 成交价格

6. 自营进口商品销售采取(　　)时，进口商品采购的核算与销售的核算几乎同时进行。

A. 货到结算　　B. 单到结算

C. 单货同时结算　　D. 出库结算

7. 企业自营出口销售不论以什么价格成交，均以(　　)扣除佣金后计价。

A. 成本加运费价格　　B. 成本加运费、保险费价格

C. 船上交货价格　　D. 成交价格

8. 企业代理出口销售业务发生的费用应（　　）。
A. 由委托单位负担
B. 由企业负担
C. 如国内费用由企业负担，国外费用由委托单位负担
D. 如间接费用由企业负担，直接费用由委托单位负担
9. 企业代理出口销售的出口退税手续由（　）办理，出口退税款归（　）所有。
A. 企业　企业　　B. 委托单位　企业
C. 企业　委托单位　　D. 委托单位　委托单位
10. 出口商品时进项税额与退税额的差额应结转到（　）账户。
A. "主营业务成本"　　B. "主营业务收入"
C. "库存商品"　　D. "营业外支出"

二、多项选择题

1. 进口商品采购成本包括（　）。
A. 国外进价（CIF）　　B. 进口关税
C. 进口增值税　　D. 进口消费税
2. 企业自营进口业务程序主要包括（　　）。
A. 进口贸易前的各项准备工作　　B. 进口贸易磋商
C. 进口合同的签订　　D. 进口合同的履行
3. 进口商品在进口环节应缴纳的税金主要有（　　）。
A. 进口关税　　B. 增值税（进项税额）
C. 增值税（销项税额）　　D. 消费税
4. 进口贸易业务按其经营性质不同，主要可分为（　　）两种。
A. 自营进口业务　　B. 代理进口业务
C. 委托进口业务　　D. 受托进口业务
5. 自营进口商品常用的结算时间有（　　）。
A. 出库结算　　B. 货到结算
C. 单到结算　　D. 签订合同
6. 以CFR价格成交的，商品的采购成本应当包括（　　）。
A. 国外运费　　B. 国外保险费
C. 进口关税　　D. 消费税
7. 企业以CIF价格成交的出口业务发生的（　　），应冲减自营出口销售收入。
A. 国外运费　　B. 国外保险费
C. 明佣　　D. 暗佣
8. 佣金是指价格条件或合同规定应支付给中间商的推销报酬，有（　　）三种支付方式。
A. 明佣　　B. 暗佣
C. 累计佣金　　D. 一次佣金
9. 企业在自营出口商品销售时，确定出口贸易对象后应进行磋商工作，通常分为（　　）的环节。

A. 询盘　　B. 发盘

C. 还盘与反还盘　　D. 接受

10. 我国的出口商品退税的具体核算方法可分为(　　)。

A. 全额退税　　B. 部分退税

C. 差额退税　　D. 局部退税

三、判断题

1. 进口贸易审核的单据主要有发票和提单。(　　)

2. 一个国家的出口贸易和进口贸易是相辅相成的，没有出口贸易，也就没有了进口贸易。(　　)

3. 国外运费是指国际贸易价格条件所规定的、应由出口商支付并负担的、从装运港到目的港的运输费用。(　　)

4. 出口退税是将出口商品已征收的国内部分退还给出口商的一种措施。(　　)

5. 企业根据代理进口商品金额(FOB价格)的一定比例收取代理手续费。(　　)

四、计算及账务处理题

1. 华夏进出口公司从美国进口卷烟500箱，每箱FOB价USD 100，总计USD 50 000，以信用证方式结算。5月份发生下列经济业务。

(1) 4日，企业收到银行转来的全套进口单据及结汇付款通知，经审核无误，当即购汇承付货款，当日汇率1USD=￥6.8。

(2) 6日，收到银行转来的进口结汇水单，支付国外运费USD 1 200，进口保险费USD 600，当日汇率1USD=￥6.8。

(3) 16日，卷烟运达我国口岸，向海关申报卷烟应纳进口关税123 646.60元，应纳消费税317 948.40元，应纳增值税135 128.07元。

(4) 20日，收到外商汇来该批商品进口佣金USA D1 500，当日汇率1USD=￥6.8。

(5) 22日，500箱进口卷烟验收入库，结转其采购成本。

(6) 25日，以银行存款支付进口卷烟的进口关税、消费税和增值税。

(7) 28日，销售给华富烟酒公司本月22日入库的进口卷烟100箱，每箱2 200元，计货款220 000，增值税额28 600元。收到转账支票，货款已存入银行。

(8) 31日，结转100箱进口卷烟的销售成本。

要求：根据上述资料编制会计分录。

2. 华夏进出口公司受理武宁公司代理进口法国香水业务，以FOB价格成交。假设关税税率为10%，消费税税率为10%，海关完税凭证上注明增值税税率为13%。8月份发生下列业务。

(1) 1日，收到武宁公司预付代理进口法国香水款1 274 000元。

(2) 12日，购汇支付法国塞纳公司香水的国外运费1 280美元，保险费200美元，当日美元汇率卖出价为6.90元。

(3) 15日，收到银行转来法国巴黎塞纳公司全套结算单据，开列香水200箱，每箱500美元FOB价格，计货款100 000美元，佣金2 000美元。审核无误，扣除佣金后支付货款，当日美元汇率卖出价为 6.90 元。

(4) 15 日，同时，按代理进口香水货款 CIF 价格的 3%向武宁公司收取代理手续费 3 044.4 美元，当日美元汇率中间价为 6.8 元。

(5) 25 日，法国香水运达我国口岸，向海关申报应纳进口关税 69 006.4 元、消费税 84 341.16 元、增值税额 109 643.50 元。

(6) 31 日，支付代理进口香水的进口关税、消费税和增值税。

要求：根据上述资料，编制会计分录。

3. 华夏进出口公司根据出口贸易合同，销售给美国加州酒业公司白酒 300 箱，采用信用证结算。3 月份发生下列经济业务。

(1) 1 日，收到储运部门转来出库单(记账联)列明出库白酒 300 箱，每箱成本 1 600 元，予以转账。

(2) 4 日，华夏进出口公司签发转账支票支付绍兴运输公司将白酒运送至港口的运杂费 1 500 元，并信汇给港口白酒的装船费 800 元。

(3) 4 日，收到外轮运输公司发票 1 张，金额 2 500 美元，系 300 吨白酒的运费，当即从外币账户汇付对方，当日美元汇率的中间价为 6.40 元。

(4) 7 日，收到业务部门转来销售白酒的发票副本和银行回单，发票开列白酒 300 箱，每吨 400 美元 CIF 价格，共计货款 120 000 美元，当日美元汇率的中间价为 6.40 元。

(5) 7 日，同时根据出库单(转账联)结转出口黄酒销售成本。

(6) 10 日，按白酒销售发票金额 120 000 美元的 110%向保险公司投保，保费率为 2‰，签发转账支票从外币账户支付，当日美元汇率的中间价为 6.40 元。

(7) 12 日，根据出口黄酒 3%的佣金率，将应付客户暗佣入账，当日美元汇率的中间价为 6.40 元。

(8) 15 日，收到银行收汇通知，120 000 美元已收汇。银行扣除 100 美元手续费后将其余部分已存入外汇存款账户，当日美元汇率的中间价为 6.38 元。

(9) 16 日，货款已于 15 日收到，现将黄酒佣金汇付美国加州酒业公司，当日美元汇率的中间价为 6.40 元。

要求：根据上述资料，编制会计分录。

4. 华夏贸易公司受华润工厂委托代理出口油漆，代理手续费率为 5%，采取异地结汇法。9 月份发生下列经济业务。

(1) 2 日，收到储运部门转来代理业务入库单，列明油漆 1 000 桶，每桶 40 元。

(2) 5 日，收到储运部门转来代理业务出库单，出库列明油漆 1 000 桶，每桶 40 元。

(3) 6 日，收到业务部转来代理销售油漆给美国法尔利公司的发票副本和银行回单，发票列明 1 000 桶，每桶 CIF 价格 10 美元，共计货款 10 000 美元，佣金1 000美元，当日美元汇率的中间价为 6.30 元。

(4) 6 日，同时根据代理业务出库单(转账联)结转代理出口油漆销售成本。

(5) 7 日，签发转账支票 2 张，分别支付 A 运输公司将油漆运送上海港运杂费 500 元，支付上海港油漆的装船费 300 元。

(6) 8 日，签发转账支票 2 张，分别支付外轮运输公司的运费 800 美元，保险公司的保险费 150 美元，当日美元汇率的中间价为 6.30 元。

(7) 20 日，收到银行转来分割收结汇的收账通知，金额为 1 710 美元，款项全部存入外币存款户。当日美元汇率的中间价为 6.30 元。

(8) 20 日，同时根据代理业务收取代理手续费 500 美元。

(9) 28 日，同时根据银行转来分割结汇通知，划拨常熟服装厂收汇余额8 290美元，当日美元汇率的中间价为 6.30 元。

要求：根据上述资料，编制会计分录。

第十三章　财务会计报告

本章基本内容框架

- 财务会计报告概述
  - 财务会计报告的意义
  - 财务报表的分类
  - 财务会计报告列报的基本要求
- 资产负债表
  - 资产负债表的概念及作用
  - 资产负债表的结构
  - 资产负债表的编制
- 利润表
  - 利润表的内容及结构
  - 利润表的编制
- 现金流量表
  - 现金流量表的内容及格式
  - 现金流量表的编制
- 所有者权益变动表
  - 所有者权益变动表的内容及格式
  - 所有者权益变动表的填列方法
- 财务报表附注
  - 财务报表附注概述
  - 财务报表附注的内容

重点、难点讲解及典型例题

一、财务会计报告概述

1. 定义

财务会计报告是反映企业某一特定日期财务状况和经营成果、现金流量等会计信息的文件，包括财务报表和其他应当在财务会计报告中披露的相关信息和资料。

财务报表是对企业财务状况、经营成果和现金流量的结构性表述。财务报表包括资产负债表、利润表、现金流量表、所有者权益变动表和附注。

2. 一般意义上的财务会计报告构成

财务会计报告
- (1) 财务报表：至少应包括
  - 资产负债表
  - 利润表
  - 现金流量表
  - 所有者权益变动表
  - 附注

  （资产负债表、利润表、现金流量表、所有者权益变动表：基本财务报表）
- (2) 其他财务报告

3. 我国严格意义上的财务会计报告构成

财务会计报告 { 财务报表 / 附注 / 审计报告 / 自己披露的信息 }

4. 财务报表按编报期间不同的分类

财务报表 { (1) 中期财务报表:如月报、季报、半年报等(短于一个会计年度) / (2) 年度财务报表 }

【例题 1 · 多项选择题】 以下各列中,属于中期财务报表的有(　　)。

A. 月报　　B. 季报

C. 年报　　D. 半年报

【答案】 ABD

【解析】 C 属于年报。

【例题 2 · 多项选择题】 基本财务报表包括(　　)。

A. 资产负债表　　B. 利润表

C. 现金流量表　　D. 所有者权益变动表

【答案】 ABCD

【解析】 基本财务报表包括 ABCD 四个财务报表。

二、资产负债表的编制

资产负债表是指反映企业在某一特定日期财务状况的报表。

资产负债表主要反映资产、负债和所有者权益三方面的内容,它是一张揭示企业在一定时点上财务状况的静态报表。

1. "年初余额"栏的填列方法

"年初余额"栏通常根据上年年末有关项目的期末余额填列,且与上年年末资产负债表"期末余额"栏一致。

2. "期末余额"栏的填列方法

"期末余额"栏主要有以下几种填列方法:"期末余额"栏内各项数字,一般应根据资产、负债和所有者权益类账户的期末余额填列。

(1) 根据总账账户余额填列,如"短期借款""应付职工薪酬"等项目。

(2) 根据有关明细账户的余额计算填列,如"应付账款"项目,需要根据"应付账款"和"预付账款"两个账户所属的相关明细账户的期末贷方余额计算填列;"应收账款"项目,需要根据"应收账款"和"预收账款"两个账户所属的相关明细账户的期末借方余额计算填列。

(3) 根据总账账户和明细账户的余额分析计算填列,如"长期应收款"项目,应当根据"长期应收款"账户总账余额,减去"未实现融资收益"总账账户余额,再减去所属明细账户中将于1 年内到期的部分填列;"长期借款"项目,应当根据"长期借款"总账账户余额扣除"长期借款"账户所属明细账户中将于 1 年内到期的部分填列。

(4) 根据有关科目余额减去其备抵科目余额后的净额填列,如"应收账款""长期股权投资”“在建工程”等项目，应当根据“应收账款”“长期股权投资”“在建工程”等账户的期末余额减去“坏账准备”“长期股权投资减值准备”“在建工程减值准备”等账户余额后的净额填列。

(5) 综合运用上述填列方法分析填列，如存货项目应根据“原材料”“委托加工物资”“周转材料”“材料采购”“在途物资”“发出商品”“材料成本差异”等总账账户期末余额的分析汇总数，再减去“存货跌价准备”账户余额后的金额填列。

3. 资产负债表中应付账款、预付款项、应收账款、预收款项四个项目的填列方法：分两个步骤

- (1) 判断项目性质
  - 资产类→借方合计(各明细科目)
  - 负债类→贷方合计(各明细科目)
- (2) 找账户：技巧是“收对应收，付对应付”，即
  - 带“收”的项目，找带“收”的账户
  - 带“付”的项目，找带“付”的账户
  - 项目：应付账款及预付款项：找→“应付账款”“预付账款”
  - 项目：应收账款及预收款项：找→“应收账款”“预收账款”

(暂不考虑“坏账准备”等其他因素)

【例题3·单项选择题】 根据下面资料分析：在不考虑坏账准备的情况下，资产负债表中预付款项项目期末余额应填列(　　)万元，应付账款项目期末余额应填列(　　)万元。

应付账款——A　借方　8万

——B　贷方　5万

——C　借方　3万

预付账款——甲　借方　10万

——乙　贷方　6万

——丙　借方　4万

A. 25　11　　　　B. 8　−6

C. 8　11　　　　D. 25　−6

【答案】 A

【解析】 预付款项项目期末余额＝8＋3＋10＋4＝25(万元)

应付账款项目期末余额＝5＋6＝11(万元)

【例题4·单项选择题】 “应付账款”账户明细账中若有借方余额，应将其计入资产负债表中的(　　)项目。

A. “预付款项”　　　　B. “预付账款”

C. “应付账款”　　　　D. “应收账款”

【答案】 A

【解析】 B是账户，不是项目，项目名称为“预付款项”。根据付对应付的原则，“应付账款”为负债类账户，如果明细科目是借方余额，则记入“预付款项”项目，如果为贷方余额则记入“应付账款”项目。

【例题5·单项选择题】 “预付账款”账户明细账中若有贷方余额，应将其计入资产负债表中的(　　)项目。

A. “预付款项”　　　　B. “预付账款”

C. “应付账款”　　　　D. “应收账款”

【答案】 C

【解析】 "付"对应"付"的原则,"预付账款"属资产类,如果明细账户为贷方余额,则记入"应付账款"项目。如果明细账户为借方余额,则记入"预付款项"项目。

三、利润表的编制

1. 定义

利润表是指反映企业在一定会计期间经营成果的财务报表。

通过提供利润表,可以反映企业在一定会计期间的收入、费用、利润(或亏损)的数额、构成情况,帮助财务报表使用者全面了解企业的经营成果,分析企业的获利能力及盈利增长趋势,从而为其作出经济决策提供依据。

2. 我国企业的利润表采用多步式格式

表 13-1 利 润 表

会企 02 表

编制单位: 年 月 单位:元

项 目	本期金额	上期金额
一、营业收入		
减:营业成本		
税金及附加		
销售费用		
管理费用		
研发费用		
财务费用		
其中:利息费用		
利息收入		
资产减值损失		
信用减值损失		
加:其他收益		
投资收益(损失以"-"填列)		
其中:对联营企业和合营企业的投资收益		
净敞口套期收益		
公允价值变动收益(损失以"-"填列)		
资产处置收益(损失以"-"填列)		
二、营业利润(亏损以"-"填列)		
加:营业外收入		
减:营业外支出		
三、利润总额(亏损总额以"-"填列)		
减:所得税费用		
四、净利润(净亏损以"-"填列)		
(一) 持续经营净利润(净亏损以"-"号填列)		

（续表）

项　　目	本期金额	上期金额
（二）终止经营净利润(净亏损以“－”号填列)		
五、其他综合收益的税后净额		
（一）不能重分类进损益的其他综合收益		
1. 重新计量设定受益计划变动额		
2. 权益法下不能转损益的其他综合收益		
3. 其他权益工具投资公允价值变动		
4. 企业自身信用风险公允价值变动		
……		
（二）将重分类进损益的其他综合收益		
1. 权益法下可转损益的其他综合收益		
2. 其他债权投资公允价值变动		
3. 金融资产重分类计入其他综合收益的金额		
4. 现金流量套期储备		
5. 外币财务报表折算差额		
……		
六、综合收益总额		
七、每股收益:		
（一）基本每股收益		
（二）稀释每股收益		

3. “上期金额”栏的列报方法

“上期金额”栏内各项数字，应根据上年该期利润表的“本期金额”栏内所列数字填列。

4. “本期金额”栏的列报方法

“本期金额”栏内各期数字，除“基本每股收益”和“稀释每股收益”项目外，应当按照相关账户的发生额分析填列。

特别注意以下的项目。

(1) “营业收入”项目，反映企业经营主要业务和其他业务所确认的收入总额。本项目应根据“主营业务收入”和“其他业务收入”账户的发生额分析填列。

(2) “营业成本”项目，反映企业经营主要业务和其他业务所发生的成本总额。本项目应根据“主营业务成本”和“其他业务成本”账户的发生额分析填列。

(3) “公允价值变动收益”项目，反映企业应当计入当期损益的资产或负债公允价值变动收益。本项目应根据“公允价值变动损益”账户的发生额分析填列，如为净损失，本项目以“－”号填列。

(4) “投资收益”项目，反映企业以各种方式对外投资所取得的收益。本项目应根据“投资收益”科目的发生额分析填列。如为投资损失，本项目以“－”号填列。

【例题6·单项选择题】 华夏公司本月利润表中的营业收入为450 000元，营业成本为216 000元，税金及附加为9 000元，管理费用为10 000元，财务费用为5 000元，销售费用为

8 000元，则其营业利润为(　　)元。

A. 217 000　　B. 225 000　　C. 234 000　　D. 202 000

【答案】 D

【解析】 营业利润＝营业收入450 000－营业成本216 000－税金及附加9 000－管理费用10 000－财务费用5 000－销售费用8 000＝202 000(元)

四、现金流量表的编制

现金流量表是反映企业在一定会计期间现金和现金等价物流入和流出的报表。

现金流量表格式如表12-2所示。

表12-2　现金流量表　　会企03表

编制单位：　　年　月　　单位:元

项　目	本期金额	上期金额
一、经营活动产生的现金流量:		
销售商品、提供劳务收到的现金		
收到的税费返还		
收到其他与经营活动有关的现金		
经营活动现金流入小计		
购买商品、接受劳务支付的现金		
支付给职工以及为职工支付的现金		
支付的各项税费		
支付其他与经营活动有关的现金		
经营活动现金流出小计		
经营活动产生的现金流量净额		
二、投资活动产生的现金流量:		
收回投资收到的现金		
取得投资收益收到的现金		
处置固定资产、无形资产和其他长期资产收回的现金净额		
处置子公司及其他营业单位收到的现金净额		
收到其他与投资活动有关的现金		
投资活动现金流入小计		
购建固定资产、无形资产和其他长期资产支付的现金		
投资支付的现金		
取得子公司及其他营业单位支付的现金净额		
支付其他与投资活动有关的现金		
投资活动现金流出小计		
投资活动产生的现金流量净额		
三、筹资活动产生的现金流量:		

（续表）

项　　目	本期金额	上期金额
吸收投资收到的现金		
取得借款收到的现金		
收到其他与筹资活动有关的现金		
筹资活动现金流入小计		
偿还债务支付的现金		
分配股利、利润或偿付利息支付的现金		
支付其他与筹资活动有关的现金		
筹资活动现金流出小计		
筹资活动产生的现金流量净额		
四、汇率变动对现金及现金等价物的影响		
五、现金及现金等价物净增加额		
加:期初现金及现金等价物余额		
六、期末现金及现金等价物余额		

思考与练习

一、单项选择题

1. 编制利润表主要是根据(　　)。

A. 资产、负债和所有者权益各账户的本期发生额

B. 资产、负债和所有者权益各账户的期末余额

C. 损益类各账户的本期发生额

D. 损益类各账户的期末余额

2. (　　)是反映企业经营成果的会计报表。

A. 资产负债表　　B. 利润表

C. 现金流量表　　D. 会计报表附注

3. 资产负债表中所有者权益的排列顺序是(　　)。

A. 未分配利润—盈余公积—资本公积—实收资本

B. 实收资本—资本公积—盈余公积—未分配利润

C. 实收资本—盈余公积—实收资本—未分配利润

D. 资本公积—盈余公积—未分配利润—实收资本

4. 下列项目中,属于非流动负债项目的是(　　)。

A. 应付票据　　B. 长期借款

C. 应付股利　　D. 应付职工薪酬

5. 下列项目中,不属于流动资产的是(　　)。

A. 货币资金　　B. 应收账款

C. 预付账款　　D. 累计折旧

6. 编制利润表所依据的会计等式是(　　)。

A. 收入－费用＝利润

B. 资产＝负债＋所有者权益

C. 借方发生额＝贷方发生额

D. 期初余额＋本期借方发生额－本期贷方发生额＝期末余额

7. 可以反映商品流通企业某一特定日期财务状况的报表是(　　)。

A. 利润表　　B. 利润分配表

C. 资产负债表　　D. 现金流量表

8. 华夏批发企业本期主营业务收入为500万元,主营业务成本为300万元,其他业务收入为200万元,其他业务成本为100万元,销售费用为15万元,资产减值损失为45万元,公允价值变动收益为60万元,投资收益为20万元,假定不考虑其他因素,该企业本期营业利润为(　　)万元。

A. 300　　B. 320　　C. 365　　D. 380

9. 按现行制度规定,企业的现金流量表,是以(　　)为基础编制的。

A. 现金流量　　B. 资金流量

C. 资产　　D. 全部流动资金

10. 我国的利润表采用(　　)。

A. 单步式　　B. 多步式　　C. 账户式　　D. 报告式

二、多项选择题

1. 下列会计科目中,在编制资产负债表时应列入"存货"项目的有(　　)。

A. 在途物资　　B. 库存商品

C. 工程物资　　D. 周转材料

2. 华夏批发企业2×19年发生的营业收入为2 000万元,营业成本为1 200万元,销售费用为40万元,管理费用为100万元,财务费用为20万元,投资收益为80万元,资产减值损失为140万元(损失),公允价值变动损益为160万元(收益),营业外收入为50万元,营业外支出为30万元。该企业2015年的营业利润和利润总额分别为(　　)万元。

A. 660　　B. 740　　C. 640　　D. 760

3. 下列各项中,应列入利润表"税金及附加"项目的有(　　)。

A. 增值税　　B. 城市维护建设税

C. 教育费附加　　D. 矿产资源补偿费

4. 下列各项资产项目中,直接根据总账科目余额填列的有(　　)。

A. 固定资产　　B. 工程物资

C. 应收股利　　D. 交易性金融资产

5. 下列各项中,应在资产负债表"预付款项"项目列示的有(　　)。

A. "应付账款"账户所属明细账户的借方余额

B. "应收账款"账户所属明细账户的借方余额

C. "应收账款"账户所属明细账户的贷方余额

D. "预付账款"账户所属明细账户的借方余额

三、判断题

1. "财务费用"和"管理费用"都应当在期末转入"本年利润"账户。 ( )

2. 资产负债表中"固定资产"项目应根据"固定资产"账户余额直接填列。 ( )

3. 资产负债表是反映企业某一特定时期财务状况的会计报表。 ( )

4. 资产负债表的格式主要有账户式和报告式两种,我国采用的是报告式,因此才出现财务会计报告这个名词。 ( )

5. 利润表是反映企业在一定会计期间经营成果的报表,属于动态报表。 ( )

四、计算及账务处理题

1. 华夏批发企业2×19年12月31日有关账户余额如表12-3所示。

表12-3 科目余额表 单位:元

账户	借方余额	账户	贷方余额
库存现金	500	短期借款	55 000
银行存款	80 000	应付账款	30 000
应收账款	45 000	其他应付款	15 000
其他应收款	25 000	应交税费	6 000
原材料	128 000	坏账准备	800
库存商品	60 000	应付职工薪酬	22 000
固定资产	350 000	应付利息	9 600
利润分配	12 000	实收资本	400 000
		资本公积	4 500
		盈余公积	42 000
		本年利润	75 000
		累计折旧	40 600
合计	700 500	合计	3 267 390

要求:根据所述资料,编制华夏批发企业2×19年12月31日的资产负债表。

2. 华夏批发企业2×19年度有关利润表科目本年累计发生额如表12-4所示。

表12-4 2×19年度利润表科目本年累计发生额 单位:元

科目名称	借方发生额	贷方发生额
主营业务收入		130 000
其他业务收入		2 000
主营业务成本	65 000	
其他业务成本	1 200	
营业税金及附加	4 500	
销售费用	20 000	
管理费用	19 120	
财务费用	800	

（续表）

科目名称	借方发生额	贷方发生额
资产减值损失	1 000	
投资收益		3 000
公允价值变动损益		2 500
营业外收入		1 100
营业外支出	500	
所得税费用	7 494	

要求：根据所述资料，编制华夏批发企业 2×19 年度利润表。

第二部分 思考与练习参考答案

第一章 总 论

一、单项选择题

1	2	3	4	5	6	7	8	9	10
A	A	D	A	C	B	D	A	C	B

【解释】

第2题 选项B中经营租入的设备不是企业拥有或控制的，选项C中霉烂变质的商品预期不会给企业带来经济利益，选项D中计划购入的原材料不是企业过去的交易或事项形成的，因此均不符合资产的定义。

选项A中的融资租入的设备，在租期未满以前，从法律形式上讲，所有权并没有转移给承租人，但是从经济实质上讲，租赁期占租赁资产使用寿命的大部分，这里的"大部分"指租赁期占租赁开始日租赁资产使用寿命的75%以上(含75%)，因此与该项固定资产相关的收益和风险已经转移给承租人，承租人实际上也能行使对该项固定资产的控制，符合资产的定义，所以承租人应该将该设备视同自己的固定资产进行管理，计提折旧及大修理等。

因此选择A。

第7题 收入是指企业销售商品、提供劳务及让渡资产使用权等日常活动中所形成的营业收入。会计上通常所指的收入是狭义的收入，即营业收入，它包括主营业务收入和其他业务收入。选项D中转让无形资产所有权取得的收入应记入"营业外收入"账户，不属于企业收入要素范畴。

因此选择D。

第8题 损失是指由企业非日常活动所发生的、会导致所有者权益减少的、与向所有者分配利润无关的经济利益的流出。损失分为直接计入所有者权益的损失与直接计入当期损益的损失。

企业发生的与日常活动没有直接关系的直接计入当期损益的各项损失，应记入"营业外支出"科目，如非流动资产处置损失、罚款支出、捐赠支出等。

选项B中交易性金融资产公允价值变动损失，应记入"公允价值变动损益"账户选项；选项C中计提的资产减值损失，应记入"资产减值损失"账户；选项D中处置长期股权投资的净损失应记入"投资收益"账户。

选项A中出售固定资产的净损失应记入"营业外支出"账户。

因此选择A。

二、多项选择题

1	2	3	4	5	6	7	8	9	10
ABCD	BD	ABCDE	BCD	BD	ACD	ABCD	ABC	ACD	AC

【解释】

第 8 题 所有者权益也包括直接计入所有者权益的利得和损失，因此答案应包括 B。因此选择 ABC。

三、判断题

1	2	3	4	5	6	7	8	9	10
×	√	√	√	×	×	√	×	√	×

第二章 货币资金

一、单项选择题

1	2	3	4	5	6	7	8	9	10
B	A	A	D	B	A	B	A	A	C

【解释】

第 10 题 银行存款余额调节表调节后的余额是银行存款的实有数。

因此选择 C。

二、多项选择题

1	2	3	4	5
ABC	ABC	ABCDE	ADE	BCD

三、判断题

1	2	3	4	5
×	√	×	√	√

四、计算及账务处理题

1.

(1) 3 月 1 日，签发现金支票。

借：库存现金 900

　　贷：银行存款 900

(2) 3 月 2 日，购进商品。

借：在途物资 42 500

　　应交税费——应交增值税(进项税额) 5 525

　　贷：银行存款 48 025

(3) 3 月 3 日，验收入库。

借：库存商品 42 500

　　贷：在途物资 42 500

(4) 3 月 4 日，销售商品。

借：银行存款 39 550

　　贷：主营业务收入 35 000

　　　　应交税费——应交增值税(销项税额) 4 550

(5) 3 月 5 日，申请银行本票。

借：其他货币资金——银行本票 28 250

　　贷：银行存款 28 250

(6) 3 月 6 日,购进商品。

借:在途物资	25 000	
应交税费——应交增值税(进项税额)	3 250	
贷:其他货币资金——银行本票		28 250

(7) 3 月 7 日,验收入库。

借:库存商品	25 000	
贷:在途物资		25 000

(8) 3 月 15 日,销售商品。

借:应收票据——沪光商厦	30 510	
贷:主营业务收入		27 000
应交税费——应交增值税(销项税额)		3 510

(9) 3 月 18 日,销售商品。

借:应收票据——东方商厦	28 250	
贷:主营业务收入		25 000
应交税费——应交增值税(销项税额)		3 250

(10) 3 月 21 日,购进商品。

借:在途物资	48 000	
应交税费——应交增值税(进项税额)	6 240	
贷:应付票据		54 240

(11) 3 月 21 日,汇票贴现。

借:银行存款	30 164.02	
财务费用 [30 510×6.3‰×54/30]	345.98	
贷:应收票据——沪光商厦		30 510.00

(12) 3 月 26 日,销售商品。

借:应收票据——浦江商厦	40 680	
贷:主营业务收入		36 000
应交税费——应交增值税(销项税额)		4 680

(13) 3 月 28 日,汇票贴现。

借:银行存款 [(28 250+28 250×6‰×2)(1−6.3‰×50/30)]	28 288.82	
贷:应收票据——沪光商厦		28 250.00
财务费用		38.82

(14) 3 月 31 日,计提利息。

借:财务费用 [54 240×6‰÷30×10]	108.48	
贷:应付票据——利息		108.48

(15) 3 月 31 日,计提利息。

借:应收票据——利息 [40 680×6‰÷30×5]	40.68	
贷:财务费用——利息支出		40.68

2.

(1) 3 月 1 日,拨付定额。

借:备用金　900
　贷:银行存款　900

(2) 3 月 31 日,报销。

借:管理费用——业务招待费　350
　　　　　——其他费用　441
　贷:库存现金　791

五、案例分析题

张明的处理方法均不正确。

张明处理方法的直接后果可能会掩盖公司在现金管理与核算中存在的诸多问题,有些可能会是重大的经济问题。因此,凡是出现账实不符的情况时,必须按照有关的会计规定进行处理。

(1) 2×19 年 6 月 18 日,在例行的现金清查中,发现现金短缺 50 元,首先应通过“待处理财产损溢——待处理流动资产损溢”账户核算,即按短缺的金额借记“待处理财产损溢——待处理流动资产损溢”账户,贷记“库存现金”账户。

待查明原因后按如下要求进行会计处理:如属于应由责任人赔偿的部分,借记“其他应收款——应收现金短缺款——××个人”或“库存现金”等账户,贷记“待处理财产损溢——待处理流动资产损溢”账户;属于应由保险公司赔偿的部分,借记“其他应收款——应收保险赔款——××保险公司”账户,贷记“待处理财产损溢——待处理流动资产损溢”账户;属于无法查明原因的其他原因,据管理权限,经批准后处理,借记“管理费用”账户,贷记“待处理财产损溢——待处理流动资产损溢”账户。

(2) 2×19 年 6 月 26 日,在例行的现金清查中,发现现金溢余 40 元,首先应通过“待处理财产损溢——待处理流动资产损溢”账户核算,即按溢余的金额,借记“库存现金”账户,贷记“待处理财产损溢——待处理流动资产损溢”账户,待查明原因后按如下要求进行会计处理:属于应支付给有关人员或单位的,应借记“待处理财产损溢——待处理流动资产损溢”账户,贷记“其他应付款——应付现金溢余——××个人或单位”账户;属于无法查明原因的现金溢余,经批准后,借记“待处理财产损溢——待处理流动资产损溢”账户,贷记“营业外收入——盘盈利得”账户。

第三章　商品流通核算概述

一、单项选择题

1	2	3	4	5
A	B	B	D	D

二、多项选择题

1	2	3	4	5
DE	ACE	ABE	BCE	BCD

三、判断题

1	2	3	4	5	6	7	8	9	10
×	×	×	√	×	×	√	×	×	√

第四章　批发企业会计核算

一、单项选择题

1	2	3	4	5	6	7	8	9	10
C	B	A	D	C	A	A	D	B	C

二、多项选择题

1	2	3	4	5	6	7	8	9	10
BCD	ABCD	ACD	ABCD	ABCD	ABC	BCD	CD	BD	ABD

三、判断题

1	2	3	4	5	6	7	8	9	10
√	×	√	×	√	√	√	√	×	√

四、计算及账务处理题

1.

（1）借：在途物资	1 400 000	
应交税费——应增增值税(进项税额)	182 000	
贷：银行存款		1 582 000
借：库存商品	1 400 000	
贷：在途物资		1 400 000
（2）借：在途物资	240 300	
应交税费——应增增值税(进项税额)	31 254	
贷：银行存款		271 200
库存现金		327
借：库存商品	240 300	
贷：在途物资		240 300
（3）借：在途物资	190 000	
应交税费——应增增值税(进项税额)	24 700	
贷：应付票据		200 000
银行存款		14 700
借：财务费用	100	
贷：银行存款		100
（4）借：库存商品	190 000	
贷：在途物资		190 000

(5) 借：库存商品 900 000
贷：应付账款——暂估应付账款 900 000

2.

(1) 借：在途物资——夹心饼 2 300
——香酥饼 2 700
应交税费——应增增值税(进项税额) 650
贷：银行存款 5 650

(2) 借：库存商品——夹心饼 2 507
贷：在途物资——夹心饼 2 300
待处理财产损溢——待处理流动资产损溢 207

借：库存商品——香酥饼 2 581.2
待处理财产损溢——待处理流动资产损溢 118.8
贷：在途物资——香酥饼 2 700.0

(3) 借：待处理财产损溢——待处理流动资产损溢 207.00
应交税费——应交增值税(进项税额) (40×4.6×13%) 23.92
贷：销售费用 23.00
银行存款 207.92

借：销售费用——自然损耗 (2×5.4×1.13) 12.20
库存商品——香酥饼 108.0
贷：待处理财产损溢——待处理流动资产损溢 120.20

3.

(1) 借：银行存款 113 000
贷：主营业务收入 100 000
应交税费——应交增值税(销项税额) 13 000

借：主营业务成本 80 000
贷：库存商品 80 000

(2) 借：应收账款 1 030
贷：主营业务收入 1 000
应交税费——应交增值税(销项税额) 30

借：主营业务成本 800
贷：库存商品 800

(3) 借：银行存款 1 030
贷：应收账款 1 030

4.

(1) 借：银行存款 22 600
贷：主营业务收入 20 000
应交税费——应交增值税(销项税额) 2 600

借：主营业务成本　　15 000
　贷：库存商品　　15 000

（2）借：主营业务收入　　20 000
　　应交税费——应交增值税（销项税额）　　2 600
　　贷：银行存款　　22 600

借：库存商品　　15 000
　贷：主营业务成本　　15 000

5.

（1）借：银行存款　　11 300
　　贷：主营业务收入　　10 000
　　　应交税费——应交增值税（销项税额）　　1 300

借：主营业务成本　　15 000
　贷：库存商品　　15 000

借：存货跌价准备　　2 000
　贷：主营业务成本　　2 000

（2）借：资产减值损失　　2 600
　　贷：存货跌价准备　　2 600

第五章　零售企业会计核算

一、单项选择题

1	2	3	4	5	6	7	8	9	10
D	B	A	B	D	B	B	B	B	D

【解释】

第 2 题　采用售价金额核算法的企业在商品销售的同时，将库存商品将售价金额转入“主营业务成本”账户的目的是为了简化核算工作，所以选 B。

第 9 题　综合差价率计算法与分柜组差价率计算法的主要区别在于，计算差价的范围不同，所以选 B。

二、多项选择题

1	2	3	4	5	6	7	8	9	10
AC	ABD	BCD	ABC	ABC	BC	BCD	ABCD	ABC	ABCD

第 5 题　综合差价率(含税)＝月末调整前“商品进销差价”账户余额÷(月末“库存商品”账户余额＋期末“受托代销商品”账户余额＋本月“商品销售收入”账户贷方发生额)×100%，所以选 ABC。

三、判断题

1	2	3	4	5	6	7	8	9	10
×	√	√	×	×	√	√	√	×	√

【解释】

第 1 题　采用售价金额核算法的企业购进商品发生短缺或溢余时，应按商品的不含税进价记入“待处理财产损溢”账户，所以题中说法是错的。

第 5 题　零售企业平时“主营业务收入”账户是按含税售价核算的，因此期末应调整增值税后将不含税售价结转到“本年利润”，所以题中说法是错的。

四、计算及账务处理题

1.

(1) 确认购进并入库。

借：在途物资——连衣裙	20 000	
应交税费——应交增值税(进项税额)	2 600	
贷：银行存款		22 600
借：库存商品——服装组	30 000	
贷：在途物资——连衣裙		20 000
商品进销差价——服装组		10 000

(2) 确认购进。

借：在途物资——短裙　　24 800
　　应交税费——应交增值税（进项税额）　　3 224
　　贷：银行存款　　28 024

（3）预付皮包款。

借：预付账款　　3 000
　　贷：银行存款　　3 000

（4）短裙入库。

借：库存商品——服装组　　30 000
　　贷：在途物资——短裙　　24 800
　　　　商品进销差价——服装组　　5 200

（5）暂不入账。

（6）月末暂估入账。

借：库存商品——食品组　　9 000
　　贷：商品进销差价——食品组　　3 000
　　　　应付账款　　6 000

（7）月初冲销上月暂估入账。

借：库存商品——食品组　　[9 000]
　　贷：商品进销差价——食品组　　[3 000]
　　　　应付账款　　[6 000]

2.

（1）购进货物，做账务处理如下：

借：在途物资　　60 000
　　应交税费——应交增值税（进项税额）　　7 800
　　贷：应付票据　　67 800

（2）商品运到，按实收数入账，原因待查，编制会计分录如下：

借：库存商品——食品组　　80 028
　　待处理财产损溢——食品组　　3 000
　　贷：在途物资　　60 000
　　　　商品进销差价　　23 028

（3）查明原因，处理如下：

借：销售费用　　2 000
　　贷：待处理财产损溢——食品组　　2 000

借：库存商品——食品组　　1 404
　　贷：待处理财产损溢——食品组　　1 000
　　　　商品进销差价　　404

商品销售，确认收入，结转成本：

借：银行存款　81 432
　贷：主营业务收入　81 432

借：主营业务成本　81 432
　贷：库存商品　81 432

月末，确认当月食品组增值税并转出已售商品进销差价。

应纳增值税(销项税额)＝81 432÷1.13×0.13＝9 368.28(元)

借：主营业务收入　9 368.28
　贷：应交税费——应交增值税(销项税额)　9 368.28

借：商品进销差价　23 432
　贷：主营业务成本　23 432

3.

(1) 借：在途物资　383 000
　　应交税费——应交增值税(进项税额)　49 790
　　贷：银行存款　432 790

借：库存商品——百货组　299 170
　　——服装组　218 040
　贷：在途物资　383 000
　　商品进销差价——百货组　84 170
　　——服装组　50 040

(2) 借：商品进销差价——百货组　308
　　贷：库存商品——百货组　308

(3) 借：应付账款——甲批发公司　13 600
　　——乙批发公司　2 630
　　贷：银行存款　16 230

(4) 借：库存现金　252 230
　　应收账款——丙工厂　4 000
　　贷：主营业务收入——百货组　140 400
　　——服装组　115 830

借：主营业务成本　256 230
　贷：库存商品——百货组　140 400
　　——服装组　115 830

(5) 借：商品进销差价　304.00
　　银行存款　967.28
　　贷：库存商品——百货组　684.00
　　——服装组　476.00
　　应交税费——应交增值税(进项税额转出)　111.28

(6) 借：主营业务收入　29 477.79
　贷：应交税费——应交增值税(销项税额)　29 477.79

(7) 借：商品进销差价——百货组　39 410.28
　——服装组　26 571.40
　贷：主营业务成本　65 981.68

4.

(1) 购入货物入库。

借：库存商品——食品组　39 500
　应交税费——应交增值税(进项税额)　3 555
　贷：银行存款　43 055

(2) 购入货物入库。

借：库存商品——食品组　1 740
　应交税费——应交增值税(进项税额)　156.6
　贷：银行存款　1 896.6

(3) 上交当日现金。

借：库存现金——食品组　3 744
　——水果组　1 521
　贷：主营业务收入——食品组　3 744
　——水果组　1 521

借：银行存款　5 265
　贷：库存现金　5 265

(4) 确认当月收入。

借：银行存款　86 580
　贷：主营业务收入——食品组　81 900
　——水果组　4 680

(5) 确认当月增值税。

借：主营业务收入——食品组　6 762.39
　——水果组　386.42
　贷：应交税费——应交增值税(销项税额)　7 148.81

(6) 结转销货成本。

食品组本月销货成本＝23 000＋15 900－12 300(元)

水果组本月销货成本＝3 000＋5 900－2 300＝6 600(元)

借：主营业务成本——食品组　26 600
　——水果组　6 600
　贷：主营业务收入——食品组　26 600
　——水果组　6 600

第六章　包装物、低值易耗品和原材料

一、单项选择题

1	2	3	4	5	6	7	8	9	10
A	D	C	D	B	A	B	B	A	B

【解释】

第 5 题　选项 AD 应记入“包装物”账户核算，选项 C 应记入“低值易耗品”账户核算，所以正确答案为 B。

第 10 题　购进多种低值易耗品所发生的运费数额较少，难以划分品种的，可直接记入“管理费用”账户，所以应选择 B。

二、多项选择题

1	2	3	4	5
ABC	ABCD	BD	ABCD	ABD

【解释】

第 1 题　库存商品销售应记入“主营业务收入”，所以正确答案是 ABC。

所以本题选 ABC。

第 5 题　选项 C 应记入“固定资产”账户。所以应选 ABD。

三、判断题

1	2	3	4	5
×	×	√	×	√

【解释】

第 1 题：出借包装物因不能使用而报废时，应将其残料价值记入“原材料”账户

四、计算及账务处理题

1.

(1) 借：包装物——包装纸　　5 000

　　应交税费——应交增值税(进项税额)　　650

　　贷：银行存款　　5 650

(2) 包装物出租时：

借：其他业务成本——出库包装物　　5 000

　　贷：包装物——库存未用包装物　　5 000

收取包装物押金时：

借：银行存款 3 000
　　贷：其他应付款——存入保证金 3 000

每天收取租金时：

借：库存现金 226
　　贷：其他业务收入——出租包装物 200
　　　　应交税费——应交增值税(销项税额) 26

(3) 借：销售费用——包装物 2 000
　　　贷：包装物——包装纸 2 000

(4) 收到价款，存入银行：

借：银行存款 5 650
　　贷：其他业务收入 5 000
　　　　应交税费——应交增值税(销项税额) 650

结转包装物成本：

借：其他业务支出 4 000
　　贷：包装物——包装桶 4 000

(5) 销售时：

借：应收账款 4 972
　　贷：主营业务收入 4 000
　　　　其他业务收入 400
　　　　应交税费——应交增值税(销项税额) 572

结转成本：

借：主营业务成本 3 000
　　贷：库存商品——油 3 000

借：其他业务成本 300
　　贷：包装物——铁桶 300

(6) 销售时：

借：银行存款 4 520
　　贷：主营业务收入 4 000
　　　　应交税费——应交增值税(销项税额) 520

结转成本：

借：主营业务成本 3 200
　　贷：库存商品——油 3 200

借：销售费用 160
　　贷：包装物——铁桶 160

(7) 支付押金时：

借：其他应收款——存出保证金 1 000

贷：银行存款 1 000

（8）归还包装物，收回押金，支付租金时：

借：银行存款 500

销售费用——包装费 500

贷：其他应收款——存出保证金 1 000

（9）借：其他应付款——存入保证金 3 000

贷：银行存款 3 000

收回包装物不能使用，残料估价入账时：

借：库存现金 1 000

贷：其他业务成本——出租包装物 1 000

（10）借：其他应付款——存入保证金 3 000.00

贷：其他业务收入 2 655

应交税费——应交增值税（销项税额） 345

2.

（1）借：低值易耗品——电子秤在库 1 200

应交税费——应交增值税（进项税额） 156

贷：银行存款 1 356

（2）借：低值易耗品——铁皮橱在库 16 000

应交税费——应交增值税（进项税额） 2 080

贷：应付账款 18 080

（3）借：低值易耗品——小推车在库 10 000

应交税费——应交增值税（进项税额） 1 300

贷：应付票据 11 300

（4）借：管理费用——低值易耗品摊销 600

贷：低值易耗品——电子秤在库 600

（5）领用时：

借：低值易耗品——小推车在用 1 500

贷：低值易耗品——小推车在库 1 500

同时：

借：长期待摊费用——低值易耗品摊销 1 500

贷：低值易耗品——小推车在用 1 500

每月摊销额＝1 500÷(2.5×12)＝50(元)

摊销时：

借：管理费用——低值易耗品摊销 50

贷：长期待摊费用——低值易耗品摊销 50

（6）领用时：

借：低值易耗品——铁皮橱在用	8 000	
贷：低值易耗品——铁皮橱在用在库		8 000

首次摊销时：

借：管理费用——低值易耗品摊销	4 000	
贷：低值易耗品——低值易耗品摊销		4 000

（7）借：银行存款	2 260	
贷：其他业务收入		2 000
应交税费——应交增值税（销项税额）		260

同时结转成本：

借：其他业务成本	2 000	
低值易耗品——低值易耗品摊销	3 200	
贷：低值易耗品——货架在用		5 000
管理费用——低值易耗品摊销		200

（8）借：原材料	100	
管理费用——低值易耗品摊销	1 900	
低值易耗品——低值易耗品摊销	2 000	
贷：低值易耗品——铁皮橱在用		4 000

3.

（1）借：原材料——日光灯	20 000	
——拖把	5 000	
应交税费——应交增值税（进项税额）	3 250	
管理费用——运杂费	50	
贷：库存现金		28 250

（2）借：原材料——木料	51 000	
应交税费——应交增值税（进项税额）	6 630	
贷：银行存款		57 630

（3）收到价款时：

借：银行存款	3 390	
贷：其他业务收入		3 000
应交税费——应交增值税（销项税额）		390

结转材料销售成本：

借：其他业务成本	2 500	
贷：原材料——木材		2 500

（4）借：管理费用	7 000	
销售费用	7 000	
贷：原材料——铁线圈		5 000
——三夹板		6 000
——日光灯		2 000
——信封、信纸		1 000

第七章　固定资产、无形资产及其他资产

一、单项选择题

1	2	3	4	5	6	7	8	9	10
A	D	B	A	A	A	D	D	C	A

【解释】

第 2 题　外购设备属有形动产，增值税专用发票上注明的进项税额可以抵扣，记入“应交税费——应交增值税(进项税额)”账户，不计入外购固定资产的成本。

因此选择 D。

第 6 题　扩建后的车间入账价值＝1 000－100－100＋400＋100＝1 300(万元)

因此选择 A。

二、多项选择题

1	2	3	4	5	6	7	8	9	10
ACDE	ABCD	ACD	AC	ACDE	ABD	ABCDE	ABCDE	ABC	BDE

【解释】

第 3 题　企业发生的固定资产修理费，应在发生的当期按照固定资产的用途和部门计入当期损益，除了企业对固定资产定期检查发生的大修理费用，有确凿的证据表明其符合固定资产确认的条件，可以计入固定资产的成本，即可资本化外，不再进行资本化处理。

特别需注意的是：企业生产车间(部门)发生的固定资产修理费应计入管理费用。

因此选择 ACD。

第 5 题　由于自营工程设备为有形动产，因此外购工程物资可抵扣的增值税应记入“应交税费——应交增值税(进项税额)”，不计入自营工程的成本。

因此选择 ACDE。

第 9 题　营业利润实际是将“营业外收入”和“营业外支出”排除在外。

A 无形资产研究阶段的支出，通过“研发支出——费用化支出”核算，在月末转入“管理费用”，影响到营业利润。

B 无形资产开发阶段的支出，根据是否符合资本化条件分别进行费用化和资本化核算，其中不符合资产化条件的，通过“研发支出——费用化支出”核算，于月末转入“管理费用”影响到营业利润，即在开发阶段的支出，有可能影响到企业的营业利润。

C 出租无形资产的摊销额，记入“其他业务成本”，影响到营业利润。

D 无形资产的出售损益，记入“营业外收入”或“营业外支出”，不影响营业利润。

E 无形资产报废损益，记入“营业外支出”，不影响营业利润。

因此选择 ABC。

三、判断题

1	2	3	4	5	6	7	8	9
×	√	√	√	×	√	×	√	×

四、计算及账务处理题

1. 会计处理如下：

(1) 将设备转入清理，注销设备的账面价值。

借：固定资产清理 60 800
　累计折旧 91 200
　固定资产减值准备 8 000
　贷：固定资产 160 000

(2) 清理过程。

① 发生清理费用：

借：固定资产清理 3 500
　贷：银行存款 3 500

② 残料作价，以原材料入库：

借：原材料 4 000
　贷：固定资产清理 4 000

(3) 结转净损益。

借：资产处置损益 60 300
　贷：固定资产清理 60 300

2. 会计处理如下：

(1) 将办公楼转入清理，注销设备的账面价值。

借：固定资产清理 600 000
　累计折旧 570 000
　固定资产减值准备 30 000
　贷：固定资产 1 200 000

(2) 清理过程。

① 发生清理费用：

借：固定资产清理 12 000
　贷：银行存款 12 000

② 残料作价，以原材料入库。

借：原材料 9 000
　贷：固定资产清理 9 000

③ 收到保险公司及责任人赔款。

借：银行存款　　200 000
　　库存现金　　20 000
　　贷：固定资产清理　　220 000

（3）结转净损益。

借：营业外支出——非常损失　　383 000
　　贷：固定资产清理　　383 000

3. 会计处理如下：

（1）在未报批准处理前，注销设备的账面价值。

借：待处理财产损溢——待处理固定资产损溢　　20 320
　　累计折旧　　13 680
　　固定资产减值准备　　2 000
　　贷：固定资产　　36 000

（2）经批准后。

借：银行存款　　10 000
　　营业外支出——盘亏损失　　10 320
　　贷：待处理财产损溢——待处理固定资产损溢　　20 320

4.

借：固定资产　　5 600
　　贷：以前年度损益调整　　5 600

5.

（1）2×18 年 3 月 12 日购入 C 专利权：

借：无形资产——专利权——C 专利权　　1 200 000
　　贷：银行存款　　1 200 000

（2）3 月份 C 专利权摊销：

C 专利权年摊销额＝1 200 000÷10＝120 000(元)

C 专利权月摊销额＝120 000÷12＝10 000(元)

由于采用直线摊销法，即每月的摊销额相等。因此 3 月份 C 专利权摊销的分录为：

借：管理费用　　10 000
　　贷：累计摊销　　10 000

（3）2×19 年 12 月 31 日，减值问题：

自 2×18 年 3 月 12 日至 2×19 年 12 月 31 日，C 无形资产累计摊销了 22 个月：

累计摊销金额＝22×10 000＝220 000(元)

2×19 年 12 月 31 日，C 专利权的账面价值＝1 200 000－220 000＝980 000(元)

2×19 年 12 月 31 日，可收回金额为 800 000 元，可收回金额小于账面价值，因此发生了减值，减值金额为 980 000－800 000＝180 000(元)，确认减值损失的分录为：

借：资产减值损失　　180 000
　　贷：无形资产减值准备　　180 000

6.

(1) 2×19 年 2 月份。

① 发生时：

借：研发支出——费用化支出	30 000	
贷：应付职工薪酬——工资		20 000
银行存款		10 000

② 2 月月末：

借：管理费用	30 000	
贷：研发支出——费用化支出		30 000

(2) 2×19 年 5 月。

① 发生时：

借：研发支出——费用化支出	50 000	
——资本化支出	250 000	
贷：原材料		200 000
应付职工薪酬——工资		100 000

② 5 月月末：

借：管理费用	50 000	
贷：研发支出——费用化支出		50 000

(3) 2×19 年 6 月：

借：研发支出——资本化支出	10 000	
贷：累计摊销		10 000

(4) 2×19 年 7 月 31 日，达到预定用途。

"研发支出——资本化支出"科目累计发生(科目余额)＝250 000＋10 000＝260 000(元)。

借：无形资产——专利权——N 专利权	260 000	
贷：研发支出——资本化支出		260 000

7. 接受的 B 土地使用权占大兴商贸公司所有者权益的份额＝2 000 000×20%＝400 000(元)。

借：无形资产——土地使用权——B 土地使用权	500 000	
贷：实收资本——乙公司		400 000
资本公积——资本溢价		100 000

8.

借：资产处置损益	18 000	
累计摊销	72 000	
无形资产减值准备	30 000	
贷：无形资产——专利权——E 专利权		120 000

第八章　对 外 投 资

一、单项选择题

1	2	3	4	5	6	7	8	9	10
B	A	C	B	B	D	A	D	D	C

【解释】

第1题　甲公司2×19年对该项金融资产应确认的投资收益为15 000－4 000＝11 000(元)，所以选B。

第2题　其他权益工具投资公允价值变动计入其他综合收益，所以选A。

第5题　2×20年7月1日债权投资摊余成本：10 560.42×(1＋2%)－10 000×6%÷2＝10 471.63(万元)；2×21年1月1日债权投资摊余成本：10 471.63×(1＋2%)－10 000×6%÷2＝10 381.06(万元)，所以选B。

二、多项选择题

1	2	3	4	5
ABC	AC	ABC	ABCD	AD

三、判断题

1	2	3	4	5
×	×	×	×	×

【解释】

第3题　交易性金融资产的成本高于市价，应该确认公允价值变动损失，所以错。

第4题　长期股权投资的初始成本小于取得投资时应享有被投资单位可辨认净资产公允价值份额的，其差额应计入营业外收入，所以错。

第5题　被投资企业提取法定盈余公积时所有者权益总额不变，投资企业长期股权投资不需要调整，所以错。

四、计算及账务处理题

1.

(1) 2×19年5月取得投资。

借：交易性金融资产——成本　　480
　　投资收益　　10
　　贷：银行存款　　490

(2) 2×19年6月30日公允价值变动。

借：公允价值变动损益　　30
　　贷：交易性金融资产——公允价值变动　　30

(3) 2×19年8月10日，乙公司宣告分派现金股利。

借：应收股利　　12

　　贷：投资收益　　12

(4) 2×19 年 8 月 20 日，甲公司收到分派的现金股利。

借：银行存款　　12

　　贷：应收股利　　12

(5) 2×19 年 12 月 31 日公允价值变动。

借：交易性金融资产——公允价值变动　　60

　　贷：公允价值变动损益　　60

(6) 2×20 年 1 月 3 日出售投资。

借：银行存款　　515

　　贷：交易性金融资产——成本　　480

　　　　交易性金融资产——公允价值变动　　30

　　　　投资收益　　5

借：公允价值变动损益　　30

　　贷：投资收益　　30

2.

(1) 2×20 年 1 月 3 日取得投资。

借：长期股权投资——投资成本　　4 719

　　应收股利　　90

　　贷：银行存款　　4 809

初始投资成本 4 719 万元，应享有乙公司可辨认净资产公允价值的份额＝18 000×25%＝4 500(万元)，4 719>4 500，应按 4 719 万元入账。

(2) 2×20 年 3 月 16 日，收到乙公司宣告分派的现金股利。

借：银行存款　　90

　　贷：应收股利　　90

(3) 2×20 年度，乙公司实现净利润 3 400 万元。

借：长期股权投资——损益调整　　850

　　贷：投资收益　　850

(4) 2×21 年 2 月 16 日，乙公司宣告每股分派现金股利 0.24 元。

借：应收股利　　144

　　贷：长期股权投资——损益调整　　144

(5) 2×21 年 3 月 12 日，甲公司收到乙公司分派现金股利。

借：银行存款　　144

　　贷：应收股利　　144

(6) 2×22 年 1 月 4 日，甲公司出售所持有的全部乙公司的股票。

借：银行存款　　5 520

　　贷：长期股权投资——成本　　4 719

　　　　　　　　　——损益调整　　706

　　　　投资收益　　95

五、不定项选择题

1	2	3	4	5
B	D	ACD	D	A

第(5)题，出售该金融资产应交的增值税金额＝(2 100－1 600)/(1＋6%)×6%＝28.3(万元)，因此选 A。

第九章　负　　债

一、单项选择题

1	2	3	4	5	6	7	8	9	10
C	C	C	C	D	B	C	A	D	B

【解释】

第 5 题　2×20 年 12 月 31 日该应付债券的账面余额包括面值和利息两部分，其中面值为 8 000 万元，利息为：8 000×4%×1.5＝480(万元)，账面余额＝8 000＋480＝8 480(万元)，所以选 D。

第 8 题　计入该公司应付职工薪酬的金额为：200×500×(1＋13%)＝113 000(元)。

二、多项选择题

1	2	3	4
ABD	ACD	ABC	ABC

三、判断题

1	2	3	4
×	√	×	√

四、计算及账务处理题(单位：万元)

(1) 借：管理费用　6
　　贷：应付职工薪酬——工资、奖金、津贴和补贴　6

(2) 借：管理费用　10
　　贷：应付职工薪酬——非货币性福利　10

借：应付职工薪酬——非货币性福利　10
　贷：累计折旧　10

(3) 借：生产成本　625
　　制造费用　75
　　管理费用　100
　　销售费用　50
　　贷：应付职工薪酬——工资、奖金、津贴和补贴　850

(4) 借：生产成本　113
　　管理费用　22.6
　　销售费用　56.5
　　贷：应付职工薪酬——非货币性福利　192.1

借：应付职工薪酬——非货币性福利 192.1

贷：主营业务收入 170.0

应交税费——应交增值税(销项税额) 22.1

借：主营业务成本 119

贷：库存商品 119

(5) 借：应付职工薪酬——工资、奖金、津贴和补贴 4

贷：应交税费——应交个人所得税 4

(6) 借：应付职工薪酬——职工福利费 5

贷：库存现金 5

(7) 借：应付职工薪酬——工资、奖金、津贴和补贴 4

贷：其他应收款 4

五、案例分析题(单位:万元)

甲公司会计处理不正确。

【理由】 以自产产品用于职工福利,应按照产品的售价确认收入,同时确认应付职工薪酬。同时,应按照员工服务的受益对象进行分配,服务于研发项目人员相关的部分应计入所研发资产的成本。

借：研发支出——资本化支出 22.6

管理费用 90.4

贷：应付职工薪酬——非货币性福利 113

借：应付职工薪酬 113

贷：主营业务收入 100

应交税费——应交增值税(销项税额) 13

借：主营业务成本 75

贷：库存商品 75

第十章　所有者权益

一、单项选择题

1	2	3	4	5	6	7	8	9	10
B	D	C	A	B	B	C	D	A	B

【解释】

第1题　应计入资本公积的金额为：16 000－4 000－16 000×2%＝11 680(万元)，所以选B。

第3题　公司年末所有者权益＝1 360＋450－200＋30＝1 640(万元)，其中提取盈余公积和资本公积转增资本均对所有者权益总额没有影响。

第5题　应记入“资本公积”科目的金额＝80 000－20 000－80 000×2%＝58 400(万元)。

二、多项选择题

1	2	3	4	5
ABCD	AB	CD	AC	AC

【解释】

第1题　实际发放股票股利时，借记“利润分配——应付现金股利或利润”账户，贷记“股本”账户，所有者权益总额没有变化，内部一增一减。

三、判断题

1	2	3	4	5	6	7	8
×	×	×	×	×	×	√	√

【解释】

第6题　企业计提法定盈余公积是按当年实现的净利润作为基数计提的，但是如果以前年度有尚未弥补的亏损，应首先弥补亏损。

四、计算题

1.

(1) 借：原材料　3 000
　　应交税费——应交增值税(进项税额)　390
　　贷：股本　2 500
　　　资本公积——股本溢价　890

(2) 借：其他综合收益　200
　　贷：长期股权投资——其他综合收益　200

(3) 借：银行存款　15 000
　　贷：股本　3 000
　　　资本公积——股本溢价　12 000

同时：

借：资本公积——股本溢价　　300

　　贷：银行存款　　300

（4）借：盈余公积　　2 800

　　　贷：股本　　2 800

（5）借：本年利润　　3 000

　　　贷：利润分配——未分配利润　　3 000

（6）借：利润分配——提取法定盈余公积　　300

　　　贷：盈余公积——法定盈余公积　　300

（7）借：利润分配——应付现金股利或利润　　500

　　　贷：应付股利　　500

（8）借：利润分配——未分配利润　　800

　　　贷：利润分配——提取法定盈余公积　　300

　　　　　　　　——应付现金股利或利润　　500

2.

（1）借：资本公积——资本溢价　　90 000

　　　贷：实收资本——甲公司　　30 000

　　　　　　　　——乙公司　　30 000

　　　　　　　　——丙公司　　30 000

（2）借：盈余公积　　50000

　　　贷：利润分配——盈余公积补亏　　50 000

借：利润分配——盈余公积补亏　　50 000

　　贷：利润分配——未分配利润　　50 000

（3）借：利润分配——提取法定盈余公积　　15 3000

　　　贷：盈余公积　　153 000

借：利润分配——未分配利润　　153 000

　　贷：利润分配——提取法定盈余公积　　153 000

（4）借：银行存款　　1 200 000

　　　贷：实收资本——B公司　　1 000 000

　　　　　资本公积——资本溢价　　200 000

第十一章 费用与税金

一、单项选择题

1	2	3	4	5	6	7	8	9	10
C	D	B	D	B	A	C	B	D	D

【解释】

第 1 题 印花税在实际发生时，直接通过“银行存款”账户缴纳，不会形成企业的应交税费。因此选择 C。

第 5 题 矿产资源补偿费通过“税金及附加”核算。所以本题选 B。

二、多项选择题

1	2	3	4	5
BCD	ABC	ACD	AB	ACD

【解释】

第 3 题 工资总额包括各种工资、奖金、津贴和补贴等，但不包括发给职工的医药费、福利补助、退休费、创造发明奖、合理化建议和技术改造奖等，所以本题选 ACD。

第 5 题 社会劳动保险费核算离退休职工的离退休金、价格补贴、医药费、易地安家补助费、职工退职金、抚恤费、按规定支付给离休职工的各项经费，以及实行社会统筹办法的企业按规定提取的退休统筹基金，所以本题选 ACD。

三、判断题

1	2	3	4	5
×	√	×	√	√

【解释】

第 3 题 实行社会统筹办法的企业按规定提取的退休统筹基金属于职工薪酬的范围，商业保险不计入职工薪酬。

四、计算及账务处理题

(1) 借：销售费用——宣传费 50 000
　　贷：银行存款 50 000

(2) 借：管理费用——办公费 2 000
　　贷：库存现金 2 000

(3) 借：销售费用——招待费 5 000
　　贷：库存现金 5 000

(4) 借：库存现金 200 000
　　贷：银行存款 200 000

借：应付职工薪酬——经营人员　150 000
　　　　　　　　——行政人员　50 000
　贷：库存现金　200 000

(5) 借：管理费用——工会经费　4 000
　　　　　　　——教育经费　3 000
　贷：应付职工薪酬——工会经费　4 000
　　　　　　　　　——教育经费　3 000

(6) 借：管理费用——折旧费　50 000
　贷：累计折旧　50 000

(7) 借：销售费用——广告费　10 000
　贷：银行存款　10 000

(8) 借：银行存款　1 130 000
　贷：主营业务收入　1 000 000
　　应交税费——应交增值税(销项税额)　130 000

借：税金及附加　50 000
　贷：应交税费——应交消费税　50 000

(9) 借：税金及附加　64 000
　贷：应交税费——应交消费税　50 000
　　　　　　——应交城市维护建设税　9 800
　　　　　　——应交教育费附加　4 200

(10) 借：管理费用　18 000
　贷：应交税费——应交房产税　10 000
　　　　　　——应交城镇土地使用税　5 000
　　　　　　——应交车船税　3 000

(11) 借：管理费用　800
　贷：银行存款　800

(12) 借：财务费用　20 000
　　应付利息　30 000
　贷：银行存款　50 000

(13) 借：应交税费——应交增值税(已交税金)　80 000
　贷：银行存款　80 000

(14) 借：应交税费——应交增值税(转出未交增值税)　10 000
　贷：应交税费——未交增值税　10 000

第十二章　进出口贸易业务核算

一、单项选择题

1	2	3	4	5	6	7	8	9	10
A	A	B	B	A	B	C	D	C	A

二、多项选择题

1	2	3	4	5	6	7	8	9	10
ABD	ACD	ABD	AB	ABC	BCD	ABCD	ABC	ABCD	AB

三、判断题

1	2	3	4	5
√	√	√	×	×

四、计算及账务处理题

1.

（1）借：在途物资——美国卷烟［US＄50 000×6.8］　340 000
　　贷：银行存款　340 000

（2）借：在途物资——美国卷烟［US＄(1 200＋600)×6.8］　12 240
　　贷：银行存款　12 240

（3）借：在途物资——美国卷烟　441 595.00
　　贷：应交税费——应交进口关税　123 646.60
　　　　　　　——应交消费税　317 948.40

（4）借：银行存款［US＄1500×6.8］　10 200
　　贷：在途物资——美国卷烟　10 200

（5）借：库存商品——库存进口商品　783 635
　　贷：在途物资——美国卷烟　783 635

（6）借：应交税费——应交进口关税　123 646.60
　　　　　　　——应交消费税　317 948.40
　　　　　　　——应交增值税(进项税额)　135 128.07
　　贷：银行存款　576 723.07

（7）借：银行存款　248 600
　　贷：自营进口销售收入　220 000
　　　　应交税费——应交增值税(销项税额)　28 600

(8) 借：自营进口销售成本　　156 727
　　贷：库存商品——库存进口商品[783 635÷500×100]　　156 727

2.

(1) 借：银行存款　　1 274 000
　　贷：预收账款——武宁公司　　1 274 000

(2) 借：预收账款——武宁公司　　10 212
　　贷：银行存款　　10 212

(3) 借：预收账款——武宁公司　　676 200
　　贷：银行存款　　676 200

(4) 借：预收账款——武宁公司　　23 393.17
　　贷：其他业务收入　　20 701.92
　　　　应交税费——应交增值税(销项税额)　　2 691.25

解析：进口香水货款 CIF 价格=(1 280+200+100 000)×6.8=690 064(元)
　　代理手续费=690 064×3%=20 701.92(元)

(5) 借：预收账款——武宁公司　　262 991.06
　　贷：应交税费——应交进口关税　　69 006.40
　　　　　　　　——应交消费税　　84 341.16
　　　　　　　　——应交增值税(进项税额)　　109 643.50

解析：进口关税=690 064×10%=69 006.4(元)
　　消费税的组成计税价格=690 064×(1+10%)÷(1−10%)
　　　　　　　　　　　　=843 411.56(元)
　　消费税=843 411.56×10%= 84 341.16(元)
　　增值税=(690 064+69 006.4+84 341.16)×13%=109 643.50(元)

(6) 借：应交税费——应交进口关税　　69 006.40
　　　　　　　——应交消费税　　84 341.16
　　　　　　　——应交增值税(进项税额)　　109 643.50
　　贷：银行存款　　262 991.06

3.

(1) 借：发出商品——白酒　　480 000
　　贷：库存商品——库存出口商品　　480 000

(2) 借：销售费用——运杂费　　1 500
　　　　　　　——装卸费　　800
　　贷：银行存款　　2 300

(3) 借：自营出口销售收入——运费　　16 000
　　贷：银行存款——外币存款[US$2 500×6.4]　　16 000

(4) 借：应收外汇账款——美国加州酒业公司[US$120 000×6.4]　　768 000
　　贷：自营出口销售收入　　768 000

(5) 借：自营出口销售成本　480 000
　　贷：发出商品　480 000

(6) 借：自营出口销售收入——保险费　1 689.6
　　贷：银行存款——外币存款[US＄120 000×110％×2‰×6.4]　1 689.6

(7) 借：自营出口销售收入——佣金　23 040
　　贷：应付外汇账款[US＄120 000×3％×6.40]　23 040

(8) 借：银行存款——外币存款[US＄119 900×6.38]　764 962
　　财务费用——手续费[US＄100×6.38]　638
　　　　——汇兑损益　2 400
　　贷：应收外汇账款[US＄120 000×6.40]　768 000

(9) 借：应付外汇账款[US＄120 000×3％×6.40]　23 040
　　贷：银行存款——外币存款　23 040

4.

(1) 借：受托代销商品——油漆　40 000
　　贷：受托代销商品款——华润工厂　40 000

(2) 借：发出商品——受托代销商品　40 000
　　贷：受托代销商品——油漆　40 000

(3) 借：应收外汇账款[US＄9 000×6.30]　56 700
　　贷：应付账款——华润工厂　56 700

(4) 借：受托代销商品款——华润工厂　40 000
　　贷：发出商品——受托代销商品　40 000

(5) 借：应付账款——华润工厂　800
　　贷：银行存款　800

(6) 借：应付账款　5 985
　　贷：银行存款——外币存款[US＄950×6.30]　5 985

(7) 借：银行存款——外币存款[US＄1 710×6.30]　10 773
　　贷：应收外汇账款[US＄1 710×6.30]　10 773

(8) 借：应付账款——华润工厂　3 559.5
　　贷：其他业务收入[US＄500×6.30]　3 150.0
　　　　应交税费——应交增值税(销项税额)　409.5

(9) 借：应付账款——华润工厂　52 227
　　贷：应收外汇账款[US＄8 290×6.30]　52 227

第十三章　财务会计报告

一、单项选择题

1	2	3	4	5	6	7	8	9	10
C	B	B	B	D	A	C	B	A	B

【解释】

第 1 题　利润表是反映企业在一定会计期间经营成果的报表，因此，利润表是一个期间报表，编制的根据是各损益类账户的本期发生额。

因此选择 C。

第 5 题　累计折旧属于固定资产的抵减项目。

因此选择 D。

第 6 题　编制利润表所依据的会计等式是“收入－费用＝利润”。编制资产负债表的依据是“资产＝负债＋所有者权益”。

因此选择 A。

第 8 题　营业利润＝营业收入－营业成本－营业税金及附加－销售费用－管理费用－财务费用－资产减值损失＋公允价值变动收益（－公允价值变动损失）＋投资收益（－投资损失）。

其中：营业收入＝主营业务收入＋其他业务收入

营业成本＝主营业务成本＋其他业务成本

因此，本期营业利润＝500＋200－300－100－15－45＋60＋20＝320（万元）

因此选择 B。

二、多项选择题

1	2	3	4	5
ABD	BD	BCD	BD	AD

【解释】

第 2 题　营业利润＝2 000－1 200－40－100－20＋80－140＋160＝740（万元），利润总额＝740＋50－30＝760（万元）。营业外收支对企业的营业利润是不会产生影响的，只会影响企业的利润总额。

因此选择 BD。

第 5 题　资产负债表中的预付款项项目应根据应付账款所属明细账借方余额合计数和预付账款所属明细账借方余额合计数减去与预付账款有关的坏账准备贷方余额填列。选项 B 应列示在应收账款项目中，选项 C 应列示在预收款项项目中。

因此选择 AD。

三、判断题

1	2	3	4	5
√	×	×	×	√

四、计算及账务处理题

1.

资产负债表

会企01表

编制单位:华夏批发企业　　2×19年12月31日　　单位:元

资产	期末数	年初数	负债和所有者权益	期末数	年初数
流动资产:			流动负债:		
货币资金	80 500		短期借款	55 000	
交易性金融资产			交易性金融负债		
衍生金融资产			衍生金融负债		
应收票据			应付票据		
应收账款	44 200		应付账款	30 000	
预付款项			预收款项		
其他应收款	25 000		合同负债		
存货	188 000		应付职工薪酬	22 000	
合同资产			应交税费	6 000	
持有待售资产			其他应付款	24 600	
一年内到期的非流动资产			持有待售负债		
其他流动资产			一年内到期的非流动负债		
流动资产合计	337 700		其他流动负债		
非流动资产:			流动负债合计	137 600	
债权投资			非流动负债:		
其他债权投资			长期借款		
长期应收款			应付债券		
长期股权投资			其中:优先股		
其他权益工具投资			永续债		
其他非流动金融资产			长期应付款		
投资性房地产			预计负债		
固定资产	309 400		递延收益		

（续表）

资产	期末数	年初数	负债和所有者权益	期末数	年初数
在建工程			递延所得税负债		
生产性生物资产			其他非流动负债		
油气资产			非流动负债合计		
无形资产			负债合计	137 600	
开发支出			所有者权益(或股东权益)		
商誉			实收资本(或股本)	400 000	
长期待摊费用			其他权益工具		
递延所得税资产			其中:优先股		
其他非流动资产			永续债		
非流动资产合计	309 400		资本公积	4 500	
			减:库存股		
			其他综合收益		
			盈余公积	42 000	
			未分配利润	63 000	
			所有者权益(或股东权益)合计	509 500	
资产总计	647 100		负债及所有者权益(或股东权益)总计	647 100	

2.

利　润　表

会企 02 表

编制单位:华夏批发企业　　2×19 年度　　单位:元

项目	本期金额	上期金额
一、营业收入	132 000	(略)
减:营业成本	66 200	
税金及附加	4 500	
销售费用	20 000	
管理费用	19 120	
研发费用	800	
财务费用	0	
其中:利息费用	0	
利息收入	0	
资产减值损失	1 000	

（续表）

项目	本期金额	上期金额
信用减值损失	0	
加:其他收益	0	
投资收益(损失以“－”填列)	3 000	
其中:对联营企业和合营企业的投资收益	0	
净敞口套期收益	0	
公允价值变动收益(损失以“－”填列)	2 500	
资产处置收益(损失以“－”填列)	0	
二、营业利润(亏损以“－”填列)	25 880	
加:营业外收入	1 100	
减:营业外支出	500	
三、利润总额(亏损总额以“－”填列)	26 480	
减:所得税费用	7 494	
四、净利润(净亏损以“－”填列)	18 986	
(一) 持续经营净利润(净亏损以“－”号填列)		
(二) 终止经营净利润(净亏损以“－”号填列)		
五、其他综合收益的税后净额	(略)	
(一) 不能重分类进损益的其他综合收益		
1. 重新计量设定受益计划变动额		
2. 权益法下不能转损益的其他综合收益		
3. 其他权益工具投资公允价值变动		
4. 企业自身信用风险公允价值变动		
……		
(二) 将重分类进损益的其他综合收益		
1. 权益法下可转损益的其他综合收益		
2. 其他债权投资公允价值变动		
3. 金融资产重分类计入其他综合收益的金额		
4. 现金流量套期储备		
5. 外币财务报表折算差额		
……		
六、综合收益总额	(略)	
七、每股收益:	(略)	
(一) 基本每股收益		
(二) 稀释每股收益		

第三部分　模拟试题及参考答案

商品流通企业会计模拟试题(一)

得分	

一、单项选择题(本大题共10小题,每小题1分,共10分)

1	2	3	4	5	6	7	8	9	10

1. 商品流通企业会计是以(　　)为中心进行核算和管理的。

A. 商品流通资金运动　　B. 供产销

C. 商品储存出售　　D. 价值规律

2. 下列结算方式中仅适合商品流通本地业务结算的是(　　)。

A. 银行汇票　　B. 商业汇票

C. 银行本票　　D. 托收承付

3. 企业根据未达账项编制的银行存款余额调节表,经调整后账面金额为52 675.31元,银行账户余额为53 227.31元,确定企业当月可用的银行存款是(　　)元。

A. 52 675.31　　B. 53 227.31

C. 52 951.31　　D. 53 675.31

4. 大型批发企业日常购销业务的会计核算方法是(　　)。

A. 售价金额核算法　　B. 数量售价金额核算法

C. 数量进价金额核算法　　D. 进价金额核算法

5. 下列属于"商品进销差价"科目借方核算内容的是(　　)。

A. 商品售价大于进价的差额

B. 商品溢余同意作退货处理

C. 期末商品进销差价的结转

D. 商品短缺同意作补货处理

6. 对于商品种类较多的批发企业,为了加强商品控制,便于商品明细账的核对工作,可设置(　　)。

A. 数量金额账　　B. 类目账

C. 商品调拨账　　D. 商品保管账

7. 在售价金额核算法下,下列科目中,按进价核算的是(　　)。

A. "库存商品"　　B. "主营业务收入"

C. “待处理财产损溢” D. “商品进销差价”

8. 下列各项中,不属于商业企业库存现金适用范围的是( )。

A. 现金支付工资 B. 现金支付工人体检费

C. 现金支付零星款项 D. 现金支付银行手续费

9. 某商业零售企业采用售价金额法进行会计核算,当期购进货物,增值税专用发票上的价款为100万元,增值税税率17%,商业零售企业对外出售的零售价格是175.5万元,该笔业务确认的“商品进销差价”金额是( )万元。

A. 30 B. 50

C. 75.5 D. 105.34

10. 某商品流通企业采用备用金的定额管理方法,对于采购部门报销运费500元,下列会计处理中,正确的是( )。

A. 贷:备用金 500 B. 贷:销售费用 500

C. 贷:库存现金 500 D. 贷:其他应收款 500

得分	

二、多项选择题(本大题共5小题,每小题1分,共5分,将答案填到下面的表格中)

1	2	3	4	5

1. 下列各项中,属于包装物摊销方法的有( )。

A. 分期分次摊销 B. 降等摊销法

C. 盘存估价摊销法 D. 一次转销法

2. 商品流通企业会计核算方法包括( )。

A. 数量进价金额核算法 B. 数量售价金额核算法

C. 售价金额核算法 D. 进价金额核算法

3. 关于零售行业进货过程中的溢余,下列会计处理中,正确的有( )。

A. 按实际数量入账

B. 溢余数按不含税进价计入待处理财产损溢

C. 按合同数量入账

D. 溢余部分进项税计入待处理财产损溢

4. 大类商品费用核算方法包括( )。

A. 直接认定法 B. 比例分摊法

C. 核销法 D. 加权计算法

5. 下列关于已售商品进销差价的计算中,正确的有( )。

A. 综合差价率根据企业全部商品的销售和库存,平均分摊进销差价

B. 本期已经销售商品在主营业务收入和库存商品中反映

C. 分组差价率计算是先分组计算“已售”和“库存”差价,后汇总加和

D. 盘存差价计算法,是通过实际盘点,求得已销商品进销差价

得分	

三、判断题(本大题共10小题,每小题1分,共10分,将答案填到下面的表格中)

1	2	3	4	5	6	7	8	9	10

1. 批发行业在购进商品的过程中由于自然损耗引起的商品短缺应作为批发企业的管理费用入账。

2. 批发行业农副产品盘点只改变农副产品的数量和单价,不改变农副产品的账面总价值。

3. 随货购进的不单独计价的包装物,在商品出售包装物腾空后,如包装物尚可使用,商业企业应增加包装物的账面价值,同时冲减销售费用。

4. 先进先出法计算商品的销售成本适用于易变质的鲜活商品成本的计算。

5. 零售行业利用综合差价率核算时因商品进销差价不一,每期各种商品销售比重不相同,计算已销商品的进销差价易影响商品销售毛利及库存商品价值的正确性。

6. 批发行业中采用"前店后仓"销售方式的企业通常是业务部门、会计部门和仓库部门合设一套账,即三账合一。

7. 批发企业商品购进业务的核算,需要设置"在途物资"和"库存商品"等账户。

8. 增值税一般纳税人外购货物所支付的运输费用,根据运费结算单据所列运费和装卸费按7%扣除率计算进项税额抵扣。

9. 低值易耗品的一次转销法是指领用低值易耗品时,将其全部价值一次转入管理费用的摊销方法。

10. 所谓坐支现金,是指企业用收入的现金支付自己的支出,商业企业应建立收入和支出的两条线,不得坐支现金。

得分	

四、简答题(本大题共2小题,每小题10分,共20分)

1. 简述售价金额核算法的内容。

2. 简述批发行业商品销售中"直运商品销售"这种销售方式的特点。

得分	

五、业务题(本大题共3小题,第1小题25分,第2、第3小题各15分,共55分)

1. 北京润泽超市是增值税一般纳税人,2×19年10月份从外地购进一批农副产品600千克,进价60 000元,进项税额7 800元,此批商品未来销售不含税售价为72 000元,款项以银行承兑汇票结算。商品运达,组织仓储部门验收入库,发现商品短缺30千克,原因待查。查明原因后得知,短缺部分中10千克属供货方少发,经联系同意补货;另外20千克属运输途中的合理损耗,经研究同意作为当期相关营业费用处理。当月21日购进的农产品全部销售,并且

此类产品期初无库存。(零售行业月末确认增值税并转出已售商品进销差价)

要求:编制上述业务相关的会计分录。

2. 3月1日,某商品流通企业向供货单位购进保温杯1 000个,进货单价21元,进项税额为2 730元,直运给购货单位,批发单价为25元,销项税额3 250元,代垫运费413.2元。按合同规定,企业负担运费价款120元,税款10.8元,购货单位负担280元。由供货单位采购员自办商品发运和货款结算手续。

要求:根据相关凭证到达时间不同,编制上述业务相关的会计分录。

(1) 当月8日收到本单位采购员寄回的托收凭证及运费的托收凭证回单联,办理托收销货款入账手续。

(2) 当月15日收到银行传来的供货单位的托收凭证,专用发票和代垫运费的清单等单据,承付货款及运费。

(3) 收到银行转来的向购货单位托收货款及运费通知单。

3. 某电器商城销售一批电风扇,采用售价记账。原零售价1 500元,进价1 200元,因换季进行削价,新零售价为1 170元。

要求:做有关商品购进、削价的账务处理。

商品流通企业会计模拟试题(二)

得分	

一、单项选择题(本大题共 10 题,每题 1 分,共 10 分)

1	2	3	4	5	6	7	8	9	10

1. 批发商品购进的入账价格一般是(　　)。

A. 商品的原进价　　B. 商品的原进价加运费

C. 商品的售价　　D. 商品购进实际支付的价款

2. 商品流通企业办理转账结算和现金收付的账户是(　　)。

A. 一般存款账户　　B. 临时存款账户

C. 基本存款账户　　D. 专用存款账户

3. 企业根据未达账项编制的银行存款余额调节表,经调整后账面金额为52 675.35元,银行账户余额为 53 227.31 元,确定企业当月可用的银行存款是(　　)元。

A. 52 675.35　　B. 53 227.31

C. 52 951.31　　D. 53 675.31

4. 零售行业会计核算方法是(　　)。

A. 售价金额核算法　　B. 数量售价金额核算法

C. 数量进价金额核算法　　D. 进价金额核算法

5. 下列属于"商品进销差价"科目贷方核算的内容是(　　)。

A. 商品售价小于进价的差额　　B. 商品溢余

C. 商品进销差价的结转　　D. 商品价格调低

6. 异地商品购销的交接方式可以采用(　　)。

A. 送货制　　B. 发货制

C. 提货制　　D. 未收代管

7. 核算短期借款利息时,不会涉及的会计科目是(　　)。

A. 应付利息　　B. 财务费用

C. 银行存款　　D. 短期借款

8. 兰诺公司购入卫生洁具 200 套,发现实际收到 210 套,每套销售价格 100 元,则下列有关账务处理正确的是(　　)。

A. 借:应收账款　1 000　　B. 借:库存商品　21 000

C. 借:库存商品　20 000　　D. 贷:待处理财产损溢　20 000

9. M&T 超市因一批羊毛衫过时,削价处理,羊毛衫进价每件 65 元,共 100 件,原售价 117 元,现削价为 58.5 元,则超市应确认的存货跌价准备为(　　)元。

A. 5 850　　B. 650　　C. 1 500　　D. 5 000

10. 信用条件“2/10,n/30”表示( )。
A. 信用期限为10天,折扣期限为30天
B. 如果在开票后10～30天内付款,可享受2%的折扣
C. 信用期限为30天,现金折扣为20%
D. 如果在10天内付款,可享受2%的现金折扣

得分	

二、多项选择题(本大题共5小题,每小题2分,共10分,将答案填到下面的表格中)

1	2	3	4	5

1. 下列各项中,属于低值易耗品摊销方法的有( )。
A. 一次转销法
B. 分次摊销法
C. 五五摊销法
D. 降等摊销法
2. 下列各项中,应确认为应付职工薪酬的有( )。
A. 非货币性福利
B. 社会保险费和辞退福利
C. 职工工资、福利费
D. 工会经费和职工教育经费
3. 关于零售行业进货过程中的短缺,下列会计处理正确的有( )。
A. 按实际数量入账
B. 短缺数按不含税进价计入待处理财产损溢
C. 按合同数量入账
D. 短缺部分进项税计入待处理财产损溢
4. 大类商品费用核算方法不包括( )。
A. 直接认定法
B. 比例分摊法
C. 核销法
D. 加权计算法
5. 下列各项中,属于“商品进销差价”账户贷方核算内容的有( )。
A. 商品售价小于进价的差额
B. 商品溢余
C. 期末商品进销差价的结转
D. 商品价格调高

得分	

三、判断题(本大题共10小题,每小题1分,共10分,将答案填到下面的表格中)

1	2	3	4	5	6	7	8	9	10

1. 会计期末,如果交易性金融资产的成本高于市价,应确认交易性金融资产减值损失。
2. 在溢价发行股票的情况下,公司发行股票的溢价收入,应计入资本公积。
3. 商品流通企业为加强大类商品控制,便于明细账的核算,一般按进、销货凭证按商品大

类设置商品类目账。

4. 国外运费是指国际贸易价格条件所规定的、应由出口商支付并负担的、从装运港到目的港的运输费用。

5. 商品购进过程中包装物的超重意味着商品的溢余。

6. 售价金额核算法只记金额,不记数量,手续简单,但库存商品明细账不能提供数量指标的库存商品进、销、存情况。

7. 商品销售成本结转方式中的随时结转主要适用于直运商品销售和成批进成批出的商品销售。

8. 批发行业日常购进货物,在商品已到但货款未支付的情况下,按照商品的进价入账,同时确认相应的进项税。

9. 零售行业利用综合差价率因商品进销差价不一,每期商品各种商品销售比重不相同,计算已销商品的进销差价易影响商品销售毛利及库存商品价值的正确性。

10. 利润表是反映企业在一定会计期间经营成果的报表,属于动态报表。

得分	

四、简答题(本大题共 3 小题,每小题 10 分,共 30 分)

1. 简述托收承付结算方式的基本内容。

2. 简述商品流通企业会计和工业企业会计核算上的区别。

3. 简述商品流通企业会计的特征。

得分	

五、业务题(本大题共 2 小题,第 1 小题 30 分,第 2 小题 10 分,共 40 分)

1. 康辉超市是增值税一般纳税人,2×19 年 11 月份食品组从外地购进一批农副产品 100 千克,进价 10 000 元,进项税额 1 300 元;支付货物运费 218 元,收到货物运输业增值税专用发票。此批商品未来销售含税售价为 20 000 元,款项以银行承兑汇票结算。商品运达,组织仓储部门验收入库,发现商品短缺 20 千克,原因待查。查明原因后得知,短缺部分中 10 千克属供货方少发,经联系同意补货;另外 10 千克属运输途中的合理损耗,经研究同意作为当期相关营业费用处理。当月 21 日购进的农产品全部销售,并且此类产品期初无库存。(零售行业月末确认增值税并转出已售商品进销差价)

要求:编制上述业务相关的会计分录。

2. 华夏进出口公司受理武宁公司代理进口法国香水业务,以 FOB 价格成交。假设关税税率为 10%,消费税税率为 10%,海关完税凭证上注明增值税税率为 17%。8 月份发生下列业务。

(1) 8 月 1 日,收到武宁公司预付代理进口法国香水款 1 274 000 元。

(2) 8 月 12 号,购汇支付法国塞纳公司香水的国外运费 1 280 美元,保险费 200 美元,当日美元汇率卖出价为 6.90 元。

(3) 8 月 15 日,收到银行转来法国巴黎塞纳公司全套结算单据,开列香水 200 箱,每箱 500 美元 FOB 价格,计货款 100 000 美元,佣金 2 000 美元。审核无误,扣除佣金后支付货款,当日美元汇率卖出价为 6.90 元。

(4) 8 月 15 日，同时，按代理进口香水货款 CIF 价格的 3% 向武宁公司收取代理手续费 3 044.4 美元，当日美元汇率中间价为 6.8 元。

(5) 8 月 25 日，法国香水运达我国口岸，向海关申报应纳进口关税 69 006.4 元、消费税 84 341.16 元、增值税 143 379.97 元。

(6) 8 月 31 日，支付代理进口香水的进口关税、消费税和增值税。

要求：根据上述资料编制会计分录。

商品流通企业会计模拟试题(一)参考答案

一、单项选择题(本大题共10小题,每小题1分,共10分)

1	2	3	4	5	6	7	8	9	10
A	C	A	C	C	B	C	D	C	C

二、多项选择题(本大题共5小题,每小题1分,共5分)

1	2	3	4	5
ABCD	ABCD	AB	AB	ACD

三、判断题(本大题共10小题,每小题1分,共10分)

1	2	3	4	5	6	7	8	9	10
×	√	√	√	√	√	√	×	√	√

四、简答题(本大题共2小题,每小题10分,共20分)

1. 简述售价金额核算法的内容(共5条,每条2分)

(1) 建立实物负责。

(2) 库存商品按售价记账,金额控制。

(3) 设置"商品进销差价"账户,核算含税进销差价,月末,转出已销商品进销差价。

(4) 加强商品盘点。

(5) 加强物价管理,明码标价。

2. "直运商品销售"这种销售方式的特点(共4条,每条2.5分)

(1) 商品的购进和销售业务同时发生。

(2) 随时结转成本。

(3) 不通过"库存商品"账户,直接以"在途物资"账户核算。

(4) 发运商品的运费由批发企业和购货单位共同负担。

五、业务题(本大题共3小题,第1小题25分,第2、3小题各15分,共55分)

1. (1) 购进货物,作账务处理如下:

借:在途物资	60 000		
应交税费——应交增值税(进项税额)	7 800		
贷:应付票据		67 800	(3分)

(2) 商品运到,按实收数入账,原因待查,编制会计分录为:

借:库存商品——食品组	80 028		
待处理财产损溢——食品组	3 000		
贷:在途物资——食品组		60 000	
商品进销差价		23 028	(3分)

(3) 查明原因,处理如下:

借:销售费用 2 000
　　贷:待处理财产损溢——食品组 2 000 (3分)

借:库存商品——食品组 1 404
　　贷:待处理财产损溢——食品组 1 000
　　　　商品进销差价 404 (3分)

商品销售,确认收入,结转成本:

借:银行存款 81 432
　　贷:主营业务收入 81 432 (3分)

借:主营业务成本 81 432
　　贷:库存商品 81 432 (3分)

月末,确认当月食品组增值税并转出已售商品进销差价。

应纳增值税(销项税额)=81 432÷1.13×0.13=9 368(元)

借:主营业务收入 9 368
　　贷:应交税费——应交增值税(销项税额) 9 368 (3分)

借:商品进销差价 23 432
　　贷:主营业务成本 23 432 (4分)

2. (1) 借:应收账款——购货单位 28 530
　　　　贷:主营业务收入 25 000
　　　　　　应交税费——应交增值税(销项税额) 3 250
　　　　　　应付账款——供货单位 280 (4分)

同时,结转商品销售成本:

借:主营业务成本 21 000
　　贷:在途物资——供货单位 21 000 (4分)

(2) 借:应付账款——供货单位代垫运费 280.0
　　　　在途物资——供货单位 21 000.0
　　　　应交税费——应交增值税(进项税额) 2 740.8
　　　　销售费用——进货运费 120.0
　　　　贷:银行存款 27 140.8 (4分)

(3) 借:银行存款 28 530
　　　　贷:应收账款——购货单位 28 530 (3分)

3. (1) 购进货物,做账务处理如下:

借:在途物资 1 200
　　应交税费——应交增值税(进项税额) 156
　　贷:银行存款 1 356 (3分)

(2) 入库,编制会计分录为:

借：库存商品　　1 500

　贷：在途物资　　1 200

　　商品进销差价　　300　（4分）

（3）商品削价，编制会计分录为：

借：资产减值损失　　200

　贷：存货跌价准备　　200　（4分）

（4）调整商品进销差价，编制会计分录为：

借：商品进销差价　　300

　存货跌价准备　　30

　贷：库存商品　　330　（4分）

商品流通企业会计模拟试题(二)参考答案

二、单项选择题(本大题共 10 小题,每小题 1 分,共 10 分)

1	2	3	4	5	6	7	8	9	10
B	C	A	A	B	C	D	B	C	D

二、多项选择题(本大题共 5 小题,每小题 2 分,共 10 分)

1	2	3	4	5
ABC	ABCD	AB	CD	BD

三、判断题(本大题共 10 小题,每小题 1 分,共 10 分)

1	2	3	4	5	6	7	8	9	10
×	√	√	√	×	√	√	×	√	√

四、简答题(本大题共 3 小题,每小题 10 分,共 30 分)

1.

(1) 托收承付结算又称"异地托收承付结算",是指根据购销合同,由收款人发货后委托银行向异地购货单位收取款项,购货单位根据合同核对单证或验货后,向银行承付货款的一种结算方式。 (5 分)

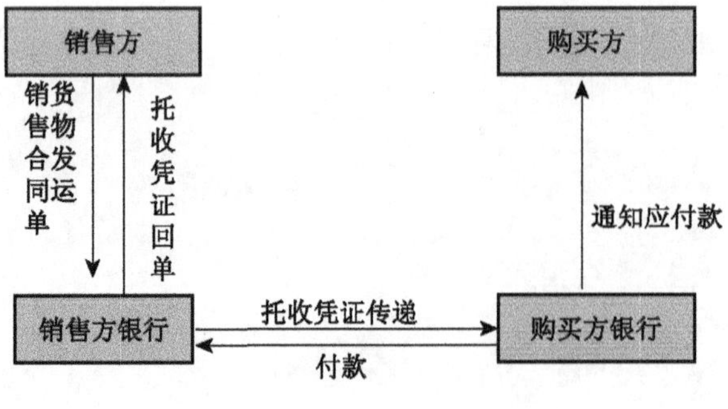

(2) 流程。 (5 分)

2.

(1) 成本的特殊性,商业企业不进行生产无生产成本的核算。 (5 分)

(2) 商业企业,特别是零售行业,为了便于日常销售核算,"库存商品"科目用售价记账,售价和进价之间的差额记入"商品进销差价"。 (5 分)

3. (1) 商业会计以商品流通资金运动为中心进行核算和管理。 (4 分)

(2) 商业会计以市场为导向。 (3 分)

(3) 商业会计在生产和消费之间发挥桥梁和纽带作用。 (3 分)

五、业务题(本大题共 2 小题,第 1 小题 30 分,第 2 小题 10 分,共 40 分)

1.

(1) 购进货物,作账务处理如下:

借:在途物资 10 000
　　应交税费——应交增值税(进项税额) 1 318
　　销售费用 200
　　贷:银行存款 11 518 (4 分)

(2) 商品运到,按实收数入账,原因待查,编制会计分录为:

借:库存商品 16 000
　　待处理财产损溢 2 000
　　贷:在途物资 10 000
　　　　商品进销差价 8 000 (4 分)

(3) 查明原因,处理如下:

借:库存商品 2 000
　　贷:待处理财产损溢 1 000
　　　　商品进销差价 1 000 (4 分)

借:销售费用 1 130
　　贷:待处理财产损溢 1 000
　　　　应交税费——应交增值税(进项税额转出) 130 (4 分)

(4) 日常,商品销售,确认收入,结转成本。

借:银行存款 18 000
　　贷:主营业务收入 18 000 (3 分)

借:主营业务成本 18 000
　　贷:库存商品 18 000 (3 分)

(5) 月末,确认当月食品组增值税并转出已售商品进销差价。

应纳增值税(销项税额)$=18\ 000\div1.13\times0.13=2\ 070.80$ 元

借:主营业务收入 2 070.80
　　贷:应交税费——应交增值税(销项税额) 2 070.80 (4 分)

借:商品进销差价 9 000
　　贷:主营业务成本 9 000 (4 分)

2.

(1) 借:银行存款 1 274 000
　　　贷:预收账款——武宁公司 1 274 000 (1 分)

(2) 借:预收账款——武宁公司 10 212
　　　贷:银行存款 10 212 (1 分)

(3) 借:预收账款——武宁公司 676 200
　　　贷:银行存款 676 200 (2 分)

(4) 借：预收账款——武宁公司　　23 392.5
　　贷：其他业务收入　　20 701.92
　　　　应交税费——应交增值税(销项税额)　　2 691.25　(2分)

解析：进口香水贷款 CIF 价格＝(1 280＋200＋100 000)×6.8＝690 064(元)

代理手续费＝690 064×3%＝20 701.92(元)

(5) 借：预收账款——武宁公司　　262 991.06
　　贷：应交税费——应交进口关税　　69 006.40
　　　　　　　　——应交消费税　　84 341.16
　　　　　　　　——应交增值税(进项税额)　　109 643.50　(2分)

解析：进口关税＝690 064×10%＝69 006.4(元)

消费税的组成计税价格＝690 064×(1＋10%)÷(1－10%)

＝843 411.56(元)

消费税＝843 411.56×10%＝84 341.16(元)

增值税＝(690 064＋69 006.4＋84 341.16)×13%＝109 643.50(元)

(6) 借：应交税费——应交进口关税　　69 006.40
　　　　　　　　——应交消费税　　84 341.16
　　　　　　　　——应交增值税(进项税额)　　109 643.50
　　贷：银行存款　　262 991.06　(2分)